LA

FOIRE AUX ARTISTES

Les Éditeurs de cet Ouvrage se réservent le droit de le faire traduire dans toutes langues. Il poursuivront, en vertu des Lois, Décrets et Traités internationaux, toutes contrefaçons et traductions faites au mépris de leurs droits.

Toutes les formalités prescrites par les Traités ont été remplies dans les divers États avec lesquels la France a conclu des Conventions littéraires.

ALENÇON. — TYP. POULET-MALASSIS ET DE BROISE.

LA
FOIRE AUX ARTISTES

PETITES COMÉDIES PARISIENNES

PAR

AURÉLIEN SCHOLL

PARIS

POULET-MALASSIS ET DE BROISE

LIBRAIRES-ÉDITEURS

9, rue des Beaux-Arts

1858

INTRODUCTION

I

O N accuse très-volontiers, depuis quelque temps la petite presse de se livrer presque uniquement à la critique des gens de lettres eux-mêmes, au lieu de s'en tenir à leurs œuvres ; d'attaquer les personnes, les habitudes et les mœurs, plutôt que les romans, les erreurs et les tendances. Il importe, dit-on, de savoir si un livre est mauvais et funeste, mais non si l'auteur se tient au cabaret et fréquente les filles de joie. Pourquoi livrer en pâture à la curiosité publique le paletot du poète, le déjeuner du chroniqueur ou l'alcôve du romancier? Va-t-on s'inquiéter si le négociant qui fait les fournitures d'une maison, entretient une maîtresse en ville, ou s'il a des relations avec sa domestique? Si le notaire qui fait un acte de vente, aime la bière ou l'eau-de-vie, l'absinthe ou le café au lait?

Pourvu que les fournitures soient de bon aloi, pourvu que l'acte soit régulièrement fait, on n'en demande pas davantage.

L'objet de la comparaison sera certainement trouvé in-digne ; mais si nous reconnaissons la supériorité des produits de l'intelligence sur les choses ordinaires de la vie, nous ne pouvons, par cela même, accorder à l'écrivain, devant la critique, l'égalité avec le bourgeois, parce que cette égalité serait un privilége de moins.

Bien plus, si la vie privée de certains hommes qui se plaignent n'a pas été respectée, n'est-ce pas leur propre faute?

Ils ont eux-mêmes demandé la publicité pour les côtés brillants de leur existence. Ils ont encouragé les plumes amies à raconter les splendeurs que le succès leur a faites. Ils se sont plu à appeler l'attention sur ce luxe nouveau dont ils sont tout heureux et tout fiers; et, après avoir fait réclame de leurs tapis et de leurs bronzes, ces messieurs s'étonnent et poussent les hauts cris, quand, au lieu de s'en tenir à la littérature, la critique va s'occuper brutalement de la souplesse dans les salons ou de la patience dans l'antichambre. Habitués qu'ils sont à trouver le miel dans le creux du chêne, ils s'épouvantent, en avançant la main, d'y sentir une couleuvre.

II

Ce que ceux-ci faisaient avec des affectations de richesse, ceux-là l'ont fait avec des affectations de pauvreté.

Le but était le même.

Les uns voulaient dire : Lisez les ouvrages d'un homme qui est devenu riche, prodigue et fastueux.

Les autres : Achetez les livres d'un homme qui fume sa pipe tous les soirs dans une taverne, où il boit, comme un charretier, de la bière et du trois-six.

Pourquoi n'aurait-on pas le droit de reprocher, s'il y a lieu, aux uns et aux autres, les moyens différents qu'ils ont employés pour se mettre en lumière et pour faire parler d'eux?

Du temps que la médecine n'était pas encore une science, on avait coutume, dans certains pays, d'exposer les malades sur le seuil des maisons, afin que, s'il se trouvait dans la foule quelque personne qui connût leur maladie, elle en indiquât le remède.

C'est là ce que nous avons tenté de faire quelquefois. En toute chose, ne prenez pas pour le démolisseur celui qui pleure au milieu des ruines.

III

La littérature, quand elle n'est pas un art, est au moins une profession libérale. L'homme de lettres appartient, de droit et de fait, à la partie la plus intelligente de la nation. Il remue les idées comme le banquier remue l'argent. Les idées sont la richesse dans l'ordre moral, comme les pièces d'or sont la richesse dans l'ordre matériel. L'argent est frappé à l'effigie de nos souverains terrestres ; les idées sont frappées à l'effigie de Dieu, notre éternel souverain.

Vous ne saurez jamais, vous qui riez, tout ce qu'il faut apprendre et oser, même pour être un écrivain médiocre.

N'est-ce pas une noble tâche que celle de créer, dans un monde de convention, des passions et des vertus, de jouer du cœur humain comme un musicien joue de la harpe ? Oh ! tant pis pour ceux-là qui touchent l'instrument sans le connaître, et qui frappent les cordes à tort et à travers, au risque de les briser. Tant pis surtout pour ceux qui ne craignent pas de toucher l'instrument sublime avec des mains déshonorées.

Hélas ! il faut bien le dire, car le silence ne tromperait personne, les gens de lettres sont tombés dans l'opinion publique, ils sont tombés par la faute du petit nombre, par l'insouciance de tous.

La facilité de comprendre et d'intéresser, la complaisance de l'esprit, la commodité de l'intelligence les rendaient aptes à toutes les carrières et leur ouvraient toutes les portes. Ils partageaient avec les avocats cette faculté merveilleuse et qui fait les hommes d'Etat, de saisir à la fois le pour et le contre. Qu'est-ce que tout cela est devenu ? quel gaspillage ! quelle ingratitude !

Il est plus facile de crier contre le monde que d'y tenir sa place ; il est plus facile de se proclamer méconnu que de se faire connaître, et beaucoup plus expéditif de mépriser l'opinion que de se la concilier. La grande ressource des enfants paresseux, c'est de bouder.

Cette soi-disant indifférence de l'opinion des autres, il faut qu'elle se manifeste d'une façon extérieure. On reconnaîtra Chodruc-Duclos à ses guenilles. C'est encore un moyen de faire parler de soi, et on fonde l'école de la crasse.

Sans plaider ici pour ce qu'on appelle *la tenue*, je me permettrai de faire observer qu'il faut respecter les choses respectées, parce que si l'on ne respectait que les choses respectables, il y aurait trop de gens en ce monde qui ne respecteraient rien.

IV

Et cependant les plus coupables ne sont pas ceux qui ont cherché dans ces singularités préméditées un moyen de se faire remarquer. L'oubli des convenances ne peut pas être l'originalité; mais après tout, ce n'est là qu'une faute, ce n'est pas un crime.

Le crime est dans la prostitution de sa conscience, dans l'apostolat du mensonge.

Esprits faux de parti pris, insulteurs quand même, monstres de vanité et d'hypocrisie qui n'ont appelé la muse que pour la trahir et la vendre, combien en voyons-nous de ces parricides de l'art, qui, par impuissance, se sont voués à la haine et à la destruction?

Si un homme barbare employait sa vie à détruire les fleurs, les plantes bienfaisantes et les remèdes que la nature fournit contre les souffrances du corps, il serait écartelé, et ce serait justice; mais voilà que des hommes pareils saccagent la poésie et les lettres, les seuls remèdes contre les maux de l'esprit, et on les laisse faire.

Ils prêchent aujourd'hui je ne sais quelle vertu, mais, hier, ils en prêchaient une autre. C'est leur métier. Les scélérats ont toujours été vertueux, et quand ils trahiront les principes qu'ils prônent aujourd'hui, soyez sûr que ce sera toujours au nom de la vertu, au nom de la morale.

Il faut en finir avec une tolérance coupable. Que ces hypocrites soient marqués une fois pour toutes et chassés de notre sein.

Comme ces vieillards débauchés qui demandent un réveil passager aux poivres et aux moxas, ces gens ne trouvent encore quelque verve que dans l'injure. Ils n'en ont plus pour longtemps.

Mais qu'on sache dès à présent, dans l'intérêt de la dignité des lettres, qu'ils n'ont pas de complices, et que tous nous les renions.

Que si quelqu'un d'entre eux nous éclabousse, nous laverons patiemment cette boue ; car, comme le disait dernièrement un homme de beaucoup d'esprit qu'un critique hydrophobe avait tenté de mordre et qu'on pressait de répondre : « Les chiens aboient après les voitures, mais on n'ouvre pas la portière pour aboyer après les chiens. »

LA FOIRE AUX ARTISTES

LA FOIRE AUX ARTISTES

ous, Membre de la Société des Gens de Lettres :

Vu le renchérissement des loyers ;

Vu le prix excessif du filet rôti ;

Vu les exigences des tailleurs, des bottiers et autres industriels ;

Vu les approches de la saison d'été, qui redouble notre appétit et nous oblige à renouveler notre garde-robe ;

Proposons ce qui suit :

ART. 1er. — Une foire exceptionnelle aura lieu, soit dans l'avenue des Champs-Elysées, soit dans l'intérieur du bois de Boulogne.

Art. 2. — Cette foire aura pour but d'assurer à chacun des adhérents une vingtaine de mille francs pour aller passer deux mois sur les bords du Rhin, dans les Pyrénées, ou en tout autre lieu à sa convenance.

Art. 3. — Les femmes seront admises.

Art. 4. — M. Hippolyte Lucas aussi.

Le concours de plusieurs personnes remarquables nous est déjà assuré. Voici un aperçu des spectacles et des curiosités qui seront offerts au public.

QUARTIER DES LITTÉRATEURS

Une galerie de petites boutiques avec draperies de coutil blanc et bleu, pavillons et oriflammes de toutes couleurs.

Nota. — La droite est réservée à MM.

BERTHET (ÉLIE).

LAMARTINE.

ALEXANDRE DUMAS.

GIRARDIN (ÉMILE DE).

ACHARD.

ERNEST LEGOUVÉ.

JULES DE PRÉMARAY.

ROQUEPLAN (NESTOR).

SCRIBE.

La gauche sera occupée indifféremment par tous ceux qui se présenteront la veille de l'ouverture.

M. ARSÈNE HOUSSAYE

Fera danser sur un guéridon deux petits bergers, dont la gentillesse sera certainement remarquée.

M. PAUL FÉVAL

Exercices bretons. Ouais ! C'est not' curé qui lui a dit comme ça : Pornic, tu t'en iras tout dret devant toué; c'est M. de Kerkaradec qui l'a dit...

M. ANDRÉ DE GOY

Vendra les rasoirs anglais dont il se sert quelquefois pour causer avec ses amis.

M. GUSTAVE CLAUDIN

Jouera *L'Homme sans tête*, à lui tout seul.

HENRI DELAAGE

Scènes de tendresse et d'effusion.

M. DE BEAUFORT

Grande lutte avec des ours, qui finiront par rentrer dans leurs cartons.

M. HAVIN

Montrera un numéro du *Siècle* sans fautes de français.

M. PEYRAT

Les dommages et intérêts qui lui ont été alloués.

M. CLAIRVILLE

Un nouveau système de vaudevilles inodores.

LES FRÈRES ESCUDIER

La guitare avec laquelle ils écrivaient leurs feuilletons au *Pays*.

M. AMÉDÉE DE CESENA

Exhibera ses titres de noblesse,

Expliquera les procédés les plus nouveaux pour ériger un journal en marquisat,

Et racontera les motifs de sa *démigeon* au *Constitutionnel*.

ALPHONSE KARR

Montrera un légume dévoré par les *guêpes*.

LE DOCTEUR VÉRON

Vendra un liquide merveilleux guérissant la goutte, la migraine, les maladies de la moëlle ; également propre à

détruire les punaises et à vernir la chaussure d'un honnête homme ainsi que ses façons de penser.

M. PETIT SENN

Exécutera une petite scène.

M. COUSIN

Piquera la curiosité des spectateurs.

QUARTIER DES BAS-BLEUS

Nota. — On ne peut y être admis qu'en fournissant les
preuves d'une complète honorabilité.

MADAME LOUISE COLLET, NÉE RÉVOIL

Montrera un automate assez curieux, agissant comme
une personne naturelle et simulant au besoin les passions.

MADAME MANOEL DE GRANDFORT

Fera voir une figure de cire fabriquée à Toulouse et
ayant déjà beaucoup voyagé. Elle remue les yeux et tire
la langue. Ses bras et ses jambes sont élastiques.

MADAME CLAUDE VIGNON

Un portrait de notre mère Eve, gravure avant la lettre,
et une statue d'Adam avant la pomme.

Plusieurs personnes très-estimables se sont fait inscrire dans la soirée d'hier. On ne pourra cependant les classer qu'après avoir pris connaissance de leur contrat de mariage.

QUARTIER DES THEATRES

Le côté de l'ombre sera réservé aux dames dont les noms suivent :

POINSOT.

OCTAVE.

ULRIC LEJARS.

DALMONT.

RIQUIER.

ENJALBERT.

DUBUISSON.

ESTHER.

RENÉE.

IRMA GRANIER.

NOÉ BÉLIA.

MADEMOISELLE AUGUSTINE BROHAN

Exhibera une espèce de vautour qui est beaucoup moins féroce qu'on ne le croit généralement. Cet oiseau se jette sur tout le monde indistinctement ; il donne de grands coups de bec et cherche à vous égratigner. On le fuit d'abord avec terreur, mais on s'aperçoit à une deuxième ou troisième séance qu'il a de grandes qualités. .

MADEMOISELLE STELLA COLAS

Fera voir une tourterelle épileptique.

MADEMOISELLE DELPHINE MARQUET

La femme albinos qui se précipite sur tout ce qui lui est présenté.

MADEMOISELLE SAINT-URBAIN

La perruche rose, un peu grimacière, mais très-gentille.

MADEMOISELLE PAGE

La civette, animal qui a le museau assez agréable, mais qui se lèche toute la journée pour se lisser.

MADEMOISELLE LUCILE DURAND

Un renard bleu, animal des plus adroits. Ce renard laisse pendre sa queue sur le bord de la mer ; les crabes s'y attachent bientôt, et, par un mouvement rapide, ils sont jetés sur le sable et dévorés à l'instant.

A l'heure où nous mettons sous presse, ces dames se présentent en foule. Nous allons examiner les titres et l'industrie de chacune d'elles.

On peut voir, par ces échantillons, que cette foire ne saurait manquer d'attirer la foule. Si notre projet est accueilli avec l'empressement qu'il mérite, il y aura encore de beaux jours pour la France.

LES MARQUIS D'OCCASION

LES MARQUIS D'OCCASION

—

PREMIER TABLEAU

Un salon chez madame de Nouvelle-Roche. — Madame de Nouvelle-Roche reste chez elle le mercredi de chaque semaine. — On y joue la comédie de société. Plusieurs dames sont déjà arrivées.

UN DOMESTIQUE, *annonçant.* — Le comte de Châteaubrelan !

Madame de Nouvelle-Roche se lève nonchalamment et présente au gentilhomme ses trois doigts les plus effilés. — L'héritier des Châteaubrelan s'incline par deux fois. Cravate blanche. Gilet brodé. Chaîne de femme. Raie irréprochable qui lui sépare le crâne en deux parties égales: Moustache cirée, assez semblable aux antennes d'un insecte.

MADAME DE NOUVELLE-ROCHE, *d'une voix flûtée.* — Vous voilà, vilain oublieux... Je devrais vous gronder. Je vous reconnais à peine depuis quinze grands jours qu'on ne vous a vu...

CHATEAUBRELAN, *avec à-propos.* — C'est l'avantage que vous avez sur moi, madame ; quand on vous a vue une fois, il est impossible de vous oublier...

MADAME DE NOUVELLE-ROCHE, *minaudant.* — Taisez-vous, ou je vais vous gronder.

CHATEAUBRELAN. — Vous avez là un ravissant éventail, ravissant !

LE DOMESTIQUE, *annonçant.* — Le baron des Petites-Affiches ! Le prince de Monte-Calico ! Le marquis de Bois-Karadec !

MADAME DE NOUVELLE-ROCHE. — Combien je suis charmée, messieurs... que vous êtes aimables...

LE BARON. — Madame !

LE MARQUIS. — Madame !

LE PRINCE. — Madame !

(Ils vont s'asseoir.)

CHATEAUBRELAN. — Bonsoir, marquis... Vous avez un délicieux transparent, délicieux !

LE MARQUIS. — Il me coûte quinze louis.

LE DOMESTIQUE. — Le comte et la comtesse de Mérovingien! le chevalier de Ravaillac! le baron Borgia! M. Godefroy de Bouillon!

MADAME DE NOUVELLE-ROCHE. — Combien je suis charmée, messieurs... c'est fort aimable à vous...

LE COMTE DE MÉROVINGIEN, *à part.* — Cette femme-là fait merveilleusement les honneurs d'un salon.

UNE DAME. — Si on commençait la comédie?

MADAME DE LA NOUVELLE-ROCHE. — Cinq minutes, chère belle... Ah! chevalier, on ne va pas dans les coulisses!...

LE CHEVALIER, *riant pour montrer ses dents.* — Hé! hé! hé! (*Il reste la bouche ouverte.*)

MADAME DE NOUVELLE-ROCHE. — Le chevalier est terrible! il se ferait rouer pour voir un bout d'épaule.

CHATEAUBRELAN. — Qu'est-ce qu'on joue ce soir?

MADAME DE NOUVELLE-ROCHE. — Lisez l'affiche.

CHATEAUBRELAN. — Madame, cette affiche est adorable...

MADAME DE NOUVELLE-ROCHE. — C'est le baron de Nouvelle-Roche qui s'est amusé à la faire lui-même... Il a toujours eu beaucoup de goût pour l'enluminure.

CHATEAUBRELAN, *à part.* — C'est peut-être pour ça qu'il a épousé sa femme!

LE BARON BORGIA, *lisant.* — *Il ne faut pas courir deux lièvres à la fois,* proverbe de M. le vicomte de Saint-Sansradis, suivi de

L'HOMME MÉTAMORPHOSÉ EN CHAT

FOLIE-VAUDEVILLE DE M. RAOUL DE VALMÉDIOCRE.

LE CHEVALIER DE RAVAILLAC. — On dit que Saint-Sansradis écrit d'une manière ravissante.

CHATEAUBRELAN. — Quel est le sujet du proverbe? sait-on?

M. DE LA NOUVELLE-ROCHE. — Le proverbe?... C'est un jeune homme qui fait la cour à deux femmes en même temps... Elles s'en aperçoivent, et il n'obtient ni l'une, ni l'autre... Ce qui justifie le dicton : *Il ne faut pas courir...*

CHATEAUBRELAN, *l'interrompant.* — Ah! très-bien! c'est neuf! c'est original...

NOUVELLE-ROCHE. — Et piquant... c'est surtout piquant.

UNE DAME. — Quand commence-t-on la comédie?

MADAME DE NOUVELLE-ROCHE. — Encore un quart d'heure, chère belle!

LE COMTE DES PETITES-AFFICHES, *dans un coin à droite.* — Qu'est-ce que c'est donc que ce Châteaubrelan!

BOIS-KARADEC. — Il paraît que c'est une vieille noblesse... Il a un château dans la Touraine.

LE COMTE. — Châteaubrelan! ce doit être un château de cartes! Et le baron Borgia?

LE BARON. — Moi, monsieur le comte, je suis le descendant direct des Borgia.

LE COMTE. — Ah! pardon, je ne vous savais pas si près...

LE BARON BORGIA, *avec orgueil.* — Ma famille est le fruit de l'inceste... mais d'un inceste qui se perd dans la nuit des temps.

DE VALMÉDIOCRE. — Il y eut un Valmédiocre condamné pour vol avec effraction en l'an 844 !

BOIS KARADEC. — Vieille noblesse, monsieur, bravo !

SAINT-SANSRADIS. — Les Saint-Sansradis descendent de Duguesclin...

BOIS-KARADEC. — Par la cheminée?

SAINT-SANSRADIS. — Pourquoi ne descendrais-je pas des Duguesclin, puisque vous remontez aux° croisades? Il est vrai que vous y remontez péniblement.

BOIS-KARADEC. — Je suis de ceux qui attendent avec impatience la loi contre les faux titres et les faux noms !

(Tous pâlissent horriblement. Madame de Nouvelle-Roche s'appuie contre un meuble pour ne pas tomber.)

LE COMTE DE MÉROVINGIEN. — C'est une pitié de voir tant d'épiciers enrichis, tant de spéculateurs marrons s'affubler des vieux noms historiques de la France. Tout homme qui n'est pas aux galères s'intitule duc et vicomte de sa propre autorité. Faites fortune tant que vous voudrez, messieurs. Quittez la Judengasse de Francfort pour habiter les hôtels de Paris, volez nos montres, achetez notre territoire; mais, pour Dieu! laissez-nous notre nom et ne brocantez pas notre histoire.

BOIS-KARADEC. — Il s'est établi dans Paris une population nomade qui envahit les restaurants et met les lorettes à la hausse. On distingue facilement ces anthropomorphes. Ils ont le front fuyant, les cheveux crépus, la bouche avancée; ils parlent une langue étrange mêlée de gascon, d'allemand et d'hébreu ; ils sont vêtus à la dernière mode, mais ils portent mal leur costume. On sent qu'il leur faudrait un bonnet jaune et une robe de laine. Ils gagnent cent francs par jour et les mangent aussitôt avec des filles. Leur existence est tout extérieure. Allez chez eux, s'ils ont un domicile. Vous les trouverez *campés* dans la vie parisienne. Pour donner un dîner, ils louent des couverts. Leurs meubles appartiennent au tapissier, ou bien ils sont inscrits sous le nom d'une femme. C'est que ces pirates viennent tenter d'enlever un million. Ils appellent l'argent à eux ; ils essayent une opération. Si le coup réussit, ils achètent la moitié d'un département et se font comtes ou marquis ; si l'*affaire* manque, ils partent pour Londres ou pour Madrid. Ils n'avaient rien à perdre, et ils ont vécu largement pendant quelques mois sur le fonds commun.

CHATEAUBRELAN. — Voilà une colère bien déplacée. Pourquoi empêcheriez-vous des gens intelligents de faire fortune ? C'est la jalousie qui vous fait parler. D'ailleurs, les gens que vous accusez sont ceux qui tiennent le moins aux vanités du nom. Pour eux, le nom c'est le chiffre.

UNE DAME. — On ne commence pas la comédie ?

MADAME DE NOUVELLE-ROCHE. — Encore une petite demi-heure, chère belle.

BOIS-KARADEC. — Bien des comtes et bien des marquis partiront pour la campagne et reviendront deux ans après sous le nom de Robineau ou de Cassenavet.

(*Il se frotte les mains. — Le comte des Petites-Affiches lui jette un regard haineux.*)

MADAME DE NOUVELLE-ROCHE. — On frappe les trois coups... C'est le proverbe qui commence ! (*Le silence se rétablit.*)

DEUXIÈME TABLEAU

Même décor que le précédent. — La scène se passe en 1859.

LE DOMESTIQUE, *annonçant.* — M. Truffard !

MADAME ROCHE. — Comment, c'est-vous, Châteaubrelan ?

TRUFFARD. — Pour l'amour de Dieu, madame, taisez-vous ! je m'étais orné du nom d'un village que je croyais de ma famille. Mais vous-même ? votre nom me paraît *écloppé ?*

MADAME ROCHE. — Il est moins *flambant,* voilà tout. M. Roche, après avoir été un honnête manufacturier, avait cru pouvoir *s'échiqueter d'argent et de gueules.*

TRUFFARD. — Et le voilà *contre-potencé !*

LE DOMESTIQUE. — M. Jules Croûton ! M. Alfred Veaumarin !

TRUFFARD. — Tiens ! c'est Petites-Affiches !

MADAME ROCHE. — Et ce pauvre Valmédiocre !

VEAUMARIN. — Le nom de Valmédiocre me déplaisait... j'ai obtenu du gouvernement la permission de prendre celui de Veaumarin.

LE DOMESTIQUE. — M. Pluchonneau !

PLUCHONNEAU. — Pluchonneau de Mérovingien... comme Bouchard de Montmorency.

CHATEAUBRELAN, *à part.* — Bah ! lui aussi !

VEAUMARIN. — Vous ne remontez donc plus aux croisades?

PLUCHONNEAU. — J'en suis descendu... C'était trop haut... la tête me tournait !

LE DOMESTIQUE. — M. Melchisédech Babylone !

PLUCHONNEAU. — Eh! c'est notre ami le baron Borgia !

MELCHISÉDECH. — On m'a sevré de ce pseudonyme !

PLUCHONNEAU. — Pourquoi m'avez-vous approuvé quand j'attaquais les Jacob de la Bourse?

MELCHISÉDECH. — Parce que j'en suis un. C'était pour mieux dissimuler...

LE DOMESTIQUE. — M. de Bois-Karadec !

(*Mouvement de surprise.*)

BOIS-KARADEC. — Ma foi, oui, j'ai gardé mon nom...

PLUCHONNEAU. — Mais vous avez déjà été condamné à 50 fr. d'amende et trois mois de prison.

BOIS-KARADEC, *avec tristesse.* — On veut que je m'appelle Corniflàrd ! Je ne peux pas m'appeler Corniflard ! Qu'on me condamne comme récidiviste !... Je me cramponne au nom de Bois-Karadec.

PLUCHONNEAU. — Vous savez que madame Roche a perdu la moitié de son nom?...

BOIS-KARADEC. — Il était pourtant fort avantageux...

C'est par Nouvelle-Roche qu'on commence, c'est par Vieille-Roche qu'on finit.

PLUCHONNEAU. — Mais qui reste-t-il enfin ?

TRUFFARD. — Oh ! nous avons encore de vieux noms... Eugène de Mirecourt et Amédée de Cesena !

LES GENS AIMABLES

LES GENS AIMABLES

—

 L est midi. M. Roger de Beauvoir sort du passage Jouffroy et traverse le boulevard en fredonnant :

AIR de *L'Artiste* (journal hebdomadaire).

Scribe peut aller vite
En s'aidant d'Halévy.
Ses gants et sa lévite
Sont tribut de Lévy.
Moi, qui vais sur ma tige,
Et n'ai plus d'abdomen,
On voit que je rédige
Hélas ! chez Dollingen. (*bis*)

3

Belle journée ! le macadam est sec comme un éreintement. Je vais casser une côtelette et aller faire un tour au bois. (*Il entre au café des Variétés.*) Garçon ! Viens ici, misérable ! Regarde-moi bien en face. Est-ce que le regard de l'homme te fait peur ? S'il te fait peur, dis-le !

LE GARÇON. — Que faut-il servir à monsieur ?

ROGER DE BEAUVOIR. — As-tu vu Bourdois ?

LE GARÇON. — M. Bourdois ! pas ce matin.

ROGER DE BEAUVOIR. — Comment ! tu veux me servir à déjeuner et tu n'as pas vu Bourdois !

(Le garçon impatienté va servir une autre personne.)

ROGER DE BEAUVOIR. — Une galantine et deux côtelettes ! *voilà une demi-heure que j'attends.*

Un jeune homme, orné de favoris naissants, s'approche timidement de l'auteur du *Chevalier de Saint-Georges.*

LE JEUNE HOMME. — Vous ne me remettez pas, monsieur ?

ROGER DE BEAUVOIR, *avec effusion.* — C'est vous, mon cher Trousseminard, asseyez-vous donc. Que j'ai de compliments à vous faire ! (*Trousseminard rougit.*) Vous avez publié un feuilleton ravissant dans *L'Echo des Halles.* J'en causais hier avec Lamartine et le prince Filassopoff. C'est une belle page. Il y a de la jeunesse, du nerf ; c'est enlevé. Je voulais aller vous voir. Qu'est-ce que vous faites maintenant ?

TROUSSEMINARD. — J'ai présenté un acte à Beaumarchais.

ROGER DE BEAUVOIR. — Il aura du succès. Je veux faire quelque chose avec vous, ou plutôt avec toi, car tu es mon ami, tu me vas, tu me plais. Tu es une de ces natures trop rares aujourd'hui, qui, sous une apparence...... Garçon! du café! Enfin, je veux te présenter à Cogniard. Nous allons lui proposer trois actes. Nous ferons le scenario en rentrant. C'est aujourd'hui mercredi. Nous lirons vendredi, et nous serons joués samedi.

TROUSSEMINARD, *émerveillé.* — Heureuse rencontre!

ROGER DE BEAUVOIR. — Connais-tu Cogniard?

TROUSSEMINARD. — Non m'sieu.

ROGER DE BEAUVOIR. — Homme charmant! il n'a rien à me refuser. J'ai une idée, un sujet palpitant, plein d'actualité :

DELACOUR

ou

LE TRIOMPHE DE LA TENUE.

Tu vas voir ça. Voilà comme je fais les affaires, moi. Tu es mon meilleur ami! viens avec moi.

(Ils sortent du café.)

ROGER DE BEAUVOIR. — Tiens! je n'ai plus de cigares, allons en chercher.

TROUSSEMINARD. — Ça va retarder la pièce...

ROGER DE BEAUVOIR. — Ne crains rien. Nous rattrape-rons facilement ces quelques minutes. As-tu entendu par-ler de l'aventure d'André de Goy? De Goy étant allé hier chez son agent pour y toucher quelques fonds, sortit de la maison avec un billet de banque plié en huit qu'il tenait du bout des dents. Pendant qu'il cherchait son porte-monnaie, il lui prit une quinte et il avala le billet.

TROUSSEMINARD. — Ah! le malheureux!

ROGER DE BEAUVOIR. — Siraudin et Choler arrivent sur ces entrefaites. « Mes amis, leur dit de Goy, voilà de ces choses qui n'arrivent qu'à moi : je viens d'avaler un billet de mille francs. » Siraudin conseille l'émétique, Choler des coups de poing dans le dos. On entre chez un pharmacien. Le moyen de Siraudin réussit, et on trouve un billet... de cent francs. De là le proverbe : *Sachons nous faire honneur des maux qui nous arrivent !*

TROUSSEMINARD. — Cette histoire ressemble à celle de Cléopâtre.

ROGER DE BEAUVOIR. — Moins le dénouement. Quelle heure est-il?

TROUSSEMINARD. — Une heure un quart.

ROGER DE BEAUVOIR. — Allons au Théâtre Français. Nous irons chez Cogniard en revenant. Connais-tu Empis?

TROUSSEMINARD. — Non, m'sieu.

ROGER DE BEAUVOIR. — Notre pièce pourrait très-bien lui aller. Seulement, ne va pas faire de bêtises, ne te marie pas dans la maison de Molière.

TROUSSEMINARD. — On dit que ça porte bonheur.

ROGER DE BEAUVOIR. — Au jeu seulement.

TROUSSEMINARD. — Cependant Molière a fait des pièces qui ont réussi.

ROGER DE BEAUVOIR. — J'ai improvisé une chanson là-dessus, à un dîner chez le prince Filassopoff. En voici quatre vers :

> Molière, époux de la Béjart,
> Eut beaucoup de talent naguère.
> Madeleine épousant Uchard
> En a fait un second Molière.

Comment la trouves-tu ?

TROUSSEMINARD. — Très-encourageante.

(Passe M. Henri Delaage.)

HENRI DELAAGE. — Que je suis heureux de vous voir ! Laissez-moi vous serrer la main... Encore ! encore !

ROGER DE BEAUVOIR. — J'ai causé de vous toute la soirée d'hier.

HENRI DELAAGE. — Et moi, toute la semaine.

ROGER DE BEAUVOIR. — Permettez-moi de vous présenter un de mes bons amis, M. Jules Trousseminard.

HENRI DELAAGE. — Ah ! monsieur, que je suis heureux de vous voir ! Laissez-moi vous serrer la main... Encore ! encore !

TROUSSEMINARD, *ému.* — Monsieur, vous en êtes un autre.

HENRI DELAAGE. — J'ai lu de vous une nouvelle, dans *La Casquette de Loutre*, qui est une merveille d'observation. C'est aussi beau que *Le Magicien* d'Alphonse Esquiros.

TROUSSEMINARD, *à part*. — Si papa entendait tout ça !...

HENRI DELAAGE. — La comtesse du Potin, à qui j'ai porté votre histoire, en a été ravie. Je n'aime pas à faire des compliments, mais vous pouvez seul prendre la place d'Alexandre Dumas.

ROGER DE BEAUVOIR. — C'est ce que je dis à tout le monde. Ainsi, mon cher Trousseminard, voilà qui est convenu, j'irai vous prendre demain, car il est un peu tard pour aller aujourd'hui chez Empis...

TROUSSEMINARD, *avec regret*. — Vraiment? voici mon adresse alors : rue Véron, à Montmartre.

ROGER DE BEAUVOIR. — J'y serai à six heures du matin. Bonjour.

Roger de Beauvoir prend le bras de M. Henri Delaage. Tous deux tirent de leur poche un petit encensoir en fer-blanc et continuent leur promenade en l'agitant de droite et de gauche.

Trousseminard, rentré chez lui, saisit fébrilement sa plume et écrit :

A monsieur Trousseminard père,
         greffier,

A FALAISE.

(Calvados.)

« Mon cher père,

» Me voici lancé. Mes relations s'élargissent de jour en
jour. Roger de Beauvoir me présentera demain à plusieurs
directeurs de théâtre. Tu comprends qu'avec cette recom-
mandation toutes les portes me seront ouvertes. Il paraît
qu'on a beaucoup parlé de moi chez le prince Filassopoff
et chez la comtesse du Potin. M. Henri Delaage a eu la
bonté de lui prêter mes feuilletons. La comtesse en a été
charmée, et elle a *trois filles*. Tu te moquais de moi
quand je te disais que j'étouffais à Falaise. Il me fallait
un théâtre plus vaste. C'est la vocation qui m'emportait.

» *Le Triomphe de la Tenue*, la pièce que nous allons
faire avec l'auteur de *Paris-Crinoline*, passera aussitôt
après *Le Retour du Mari*, de M. Mario Uchard. Aie la bonté
d'en informer toutes nos connaissances et de faire insérer
cette bonne nouvelle dans le journal de Falaise, auquel je
permets (comme faveur exceptionnelle) de reproduire ma
nouvelle de *La Casquette de Loutre*. Maman m'a écrit de me
défier des actrices et de ne jamais accepter de souper chez

elles. Tu peux la rassurer. Je n'en vois jamais, vu que je n'ai pas de billets de théâtre. Or, comme elles ne me connaissent pas, elles ne peuvent m'inviter à leurs soirées. Du reste, la plupart des actrices de Paris sont mariées et très-sages. Je pourrais en citer un grand nombre, mais je ne le fais pas à cause des autres.

» Tu te plains toujours que je te coûte trop d'argent ; tu ne sais donc pas ce que c'est que la gloire ! Ce n'est pas que je rougisse de toi, parce que tu es greffier, mais tu devrais être fier d'employer tes appointements à me maintenir sur un certain pied. Je veux qu'on parle de moi, je veux que tout Falaise me rende justice un jour ! L'avoué Dussaignant prétend que je fais des fautes de français, mais c'est la jalousie qui le fait parler. Sait-il si ce qui est français à Paris peut l'être également à Falaise ? N'écoute pas ces critiques envenimées, et continue d'avoir toute confiance en celui

» Qui se dit ton fils,

» Jules TROUSSEMINARD.

» P. S. — Aie la bonté de m'envoyer soixante-quinze francs de supplément pour ce mois-ci. Pagès (du Tarn) recevra cet hiver et j'ai besoin d'être bien vêtu. »

Chers lecteurs ! ce serait par trop manquer d'usage
Que terminer ainsi cette joyeuseté,
Et je veux maintenant, à l'exemple du sage,
Tirer de mon récit une moralité.
Rien n'est plus gracieux que de s'entendre faire
Des compliments dorés combinés avec art,
Mais ce n'est trop souvent qu'un moyen de nous plaire,
Et n'y croyons jamais, comme Trousseminard.
Le grand poète à qui l'on envoie un volume,
Et qui répond : « C'est beau ! c'est noble ! et plein de cœur !
Vous valez mieux que moi ; c'est à briser ma plume... »
Il faut s'en défier, ce n'est qu'un enjôleur.
Tous ces hommes charmants se font des créatures.
Quand de nous avoir vus ils se disent heureux,
C'est qu'ils comptent tout bas — aimables conjectures —
Combien de gens naïfs vont dire du bien d'eux.
Défiez-vous aussi des auteurs dramatiques :
Ceux-là vous promettront des résultats magiques ..
    Mais qu'en sort-il toujours !
      Des ours.

LA COLLABORATION

LA COLLABORATION

—

Un appartement chez M. Delacour. — Ameublement somptueux. — Pipes sur la cheminée. — Au-dessus de la console, une miniature de Ravel. — A droite une étagère surchargée de cartons. — Une table et ce qu'il faut pour faire des vaudevilles. — Portes au premier et au deuxième plan.

ELACOUR, *seul, époussetant les meubles.* — Midi et demi !... et Siraudin n'est pas encore arrivé... Que les gens sérieux deviennent rares !...Voici l'époque du bénéfice de Grassot; nous allons manquer une affaire importante...

AIR : *De l'Apothicaire.*

Siraudin me fera damner
Par sa folâtre insouciance.
Quand il s'agit de griffonner,
Il sait briller par son absence.
Toujours aux eaux, au turf, au bal,
Dans chaque wagon il s'emballe.

(*Pointe.*)

Par ce moyen *original,*
Sa bourse restera sans balle !

Mais j'entends sonner... c'est lui sans doute .. Non...
c'est Lambert...

LAMBERT THIBOUST. — Comment vas-tu, ma vieille ! Je
suis bien content de te voir. J'ai rencontré Carpier... il
t'aime beaucoup. Il va reprendre *Paris qui dort...* à Bordeaux.

DELACOUR, *avec bonne humeur.* — Alors, c'est Bordeaux
qui dormira.

LAMBERT, *dominé par l'amour-propre.* — Parce que la
pièce sera jouée sans ensemble.

DELACOUR. — Est-ce que tu as quelque chose à me dire ?

LAMBERT. — Non. Je viens travailler... Où est Siraudin ?

DELACOUR. — Je l'attends. Travailler à quoi ?

LAMBERT. — A la petite machine pour Grassot. Nous en
avons causé ensemble, *je suis de la pièce.*

DELACOUR. — Tiens ! moi, qui ai rencontré Montjoie, je

lui ai raconté le sujet, ce qui fait qu'il est aussi de la pièce.

LAMBERT. — Eh bien ! nous serons quatre, voilà tout. On ne te nommera pas.

DELACOUR, *froidement.* — Par exemple ! c'est ce que nous verrons. Pourvu que Siraudin n'ait rencontré personne...

LAMBERT. — Le titre est-il bon ?

DELACOUR. — Il a de la gaieté :

UNE DOUZAINE D'HUITRES

OU

TREIZE A TABLE

LAMBERT. — Ça fera bien sur l'affiche. Dormeuil sera content.

AIR : *De Marianne.*

Le rossignol dans le bocage,
Quand le coq a chanté le jour,
Fait entendre son doux ramage,
Le perroquet cause à son tour.
Le poulet piaule,
Le chat miaule,
L'orgueilleux paon se réveille en braillant.
Le crapaud coasse,
Le corbeau croasse,
Le merle siffle ainsi que le serpent.

ENSEMBLE.

Pour nous, joyeux vaudevillistes,
Mêlant nos voix à tout ce bruit,
Tantôt rentiers, tantôt artistes,
Nous chantons le jour et la nuit.

SIRAUDIN, *entrant.* — Bravo, mes enfants, bravo ! Où
sont les pipes ?

DELACOUR. — Voilà.

SIRAUDIN. — A propos, j'ai rencontré Edouard Martin,
il est de la pièce.

DELACOUR. — Mais, sacrebleu ! c'est abusif, nous voilà
cinq à présent !

SIRAUDIN, *avec sévérité.* — Et quand nous serions six ?
quand nous serions vingt ? la pièce en serait-elle meilleure ?
Prenez garde, Delacour ; je vous le dis avec calme, sans
colère, mais avec l'accent de l'honnête homme : vous faites
fausse route, ma vieille !

DELACOUR. — Pourquoi donc cela ?

SIRAUDIN. — Pourquoi ? Je vais vous le dire :

Air connu.

T'en souviens-tu, qu'en dix-huit cent quarante,
Un beau jeune homme arrivait de Bordeaux ?
Il n'avait pas dix mille francs de rente,
Mais il avait un pal'tot sur le dos.
Il fut reçu gentiment par Guénée...
Chacun de nous l'aida de sa vertu.
Il fut joué ! c'était sa destinée !
Ah ! Delacour, dis-moi, t'en souviens-tu ?

DELACOUR, *essuyant une larme*. — Allons, pas de bêtises... Tu sais bien que j'ai bon cœur...

SIRAUDIN. — Tu me promets de ne plus attaquer la collaboration?

DELACOUR, *levant une main au ciel*. — Je le jure.

SIRAUDIN. — C'est bien ; n'en parlons plus.

ENSEMBLE

Sans paraître maniaque,
J'aime ma position.
Je ne veux pas qu'on attaque
La collaboration.

DELACOUR

Sans paraître maniaque,
Il aime sa position.
Il ne veut pas qu'on attaque
La collaboration.

LAMBERT THIBOUST

Sans paraître maniaque,
Tu chéris ta position.
Tu ne veux pas qu'on attaque
La collaboration.

(*Tous trois forment la chaîne et dansent autour de la table.*)

LAMBERT, *essoufflé*. — Ouf! Il s'agit de travailler maintenant... A propos, cherchez donc quelque chose pour

4

Lassagne... Si on ne lui faisait plus de rôles, ce serait un *Lassagnessinat.* (*Il rit.*)

DELACOUR. — Nous en causerons. C'est à quatre heures qu'arrivent les collaborateurs de la Revue de fin d'année : Clairville, Henri de Kock, de Jallais, Dutertre, Colliot, Xavier Veyrat, Scribe et quelques autres.

SIRAUDIN. — Eh bien ! prenons rendez-vous pour mercredi. (*Il écrit sur son calepin.*) Une idée pour mercredi.

LAMBERT. — Et passons à *La douzaine d'huîtres.*

SIRAUDIN. — Voilà la chose. M. Veauminet... un rentier de province... un mercier retiré... vient à Paris pour chercher un gendre à sa fille Poulotte. Il veut à toute force un Parisien pour gendre... C'est son idée, à c't homme !... c'est sa toquade... Il veut un Parisien, quoi !... Au lever du rideau, il va se mettre à table... le théâtre représente une chambre d'hôtel meublé... un couvert est mis sur le guéridon... C'est alors qu'il raconte la chose au public... *gnouf! gnouf!* comme quoi il a fait mettre dans les *Petites-Affiches* un avis à cinq sous la ligne... « Un mercier retiré désire trouver un gendre beau, bien fait, spirituel... »

LAMBERT. — Et vacciné. Ça réussit toujours.

SIRAUDIN. — Au milieu du monologue, le garçon lui apporte une douzaine d'huîtres... Veauminet la dévore et s'aperçoit trop tard qu'ils étaient *treize à table !*... Il se lamente... C'est un mercier superstitieux... Bien sûr il lui arrivera quelque chose... A toi, Delacour !

DELACOUR. — Veauminet avait son neveu pour commis. Ce neveu, il l'a renvoyé parce qu'il faisait la cour à Poulotte...

LAMBERT. — Il faut abréger ça. Il me semble que Veauminet peut raconter son histoire pendant toute la pièce. Il commence, mais paf! voilà un monsieur qui arrive de la part des *Petites-Affiches*. Une scène, puis Veauminet continue. Un autre bonhomme arrive encore. Il se débrouille avec lui, puis il reprend son histoire et toujours comme ça. Quand la pièce est terminée, Veauminet veut toujours continuer son histoire, et le rideau tombe au moment où, parlant au public, Grassot s'écrie : « Enfin, messieurs, pour vous terminer... » Tu comprends?

DELACOUR. — Oui, faudra voir. (*Il écrit en marge : à creuser.*)

SIRAUDIN. — Aucun de ceux qui se présentent pour gendres n'est parisien...

LAMBERT. — Et il est obligé de donner sa fille au garçon de l'hôtel.

DELACOUR. — Ce garçon d'hôtel pourra être son neveu qu'il avait renvoyé et qui est reconnu de Poulotte.

SIRAUDIN. — Alors, pour que ça finisse bien, son neveu lui avoue qu'il ne lui a servi que onze huîtres ..

DELACOUR. — Parce qu'il en a mangé une dans l'escalier.

LAMBERT. — Et l'oncle, en l'embrassant, s'écrie : « C'est égal, voilà la douzaine au complet ! » ou quelque chose comme ça...

DELACOUR. — C'est très-drôle.

SIRAUDIN. — Ma foi ! mes enfants, je crois que ça marchera carrément.

DELACOUR. — Ça manque de situations. Il faut fouiller, messieurs. On ne fait pas une pièce comme on avale un verre d'eau. Etudions bien le scenario. Songeons-y chacun de notre côté et revoyons la machine.

LAMBERT. — J'aime ce sujet, parce qu'il y a de la fantaisie... et un petit côté littéraire.

SIRAUDIN. — J'entends des pas... on vient...

DELACOUR. — Ce sont les collaborateurs de la Revue...

AIR : *Des deux maitresses.*

CHOEUR DES COLLABORATEURS

Dans la Revue,
Pas de bévue,
Car nul de nous n'est un gâte-métier.
Et le Gymnase
Qui s'empégase,
Restera seul avec Emile Augier.

LAMBERT. THIBOUST

De Dumas fils paralysons la plume
Et de Barrière étonnons les ardeurs.

Que *Dalila* rentre dans son volume !
Rendons la scène aux joyeux débardeurs !....
    Qu'on dise à table :
    Vin délectable !
Les mêmes mots doivent rimer entre eux.
    Et que la gloire
    Et la victoire
Mêlent leurs chants aux soupirs amoureux.

SIRAUDIN

Mourier, Dormeuil, et vous Cogniard féeriques,
Laissez Empis reprendre *Feu Waflard...*
Nous saurons bien faire aller vos boutiques,
Quand Scribe aura dévissé son billard !

TOUS

    Dans la Revue,
    Pas de bévue,
Car nul de nous n'est un gâte-métier.
    Et le Gymnase,
    Qui s'empégase,
Restera seul avec Emile Augier !

    (*Danses, cris de joie. La toile tombe.*)

MESSIEURS

DE LA CRAVATE BLANCHE

MESSIEURS
DE LA CRAVATE BLANCHE

UNE heure du matin. La nuit est sereine; des milliers d'étoiles scintillent dans les profondeurs du ciel comme des paillettes d'argent dans la chevelure d'une femme. La lune apparaît avec des reflets dorés au-dessus de la maison de Millaud, rue Richelieu. — Le boulevard est désert. Les sergents de ville, protecteurs des montres et du sommeil, se promènent silencieusement, observant l'obscurité et contenant du regard les gens à qui des libations copieuses ont inspiré le goût de la musique.

Un personnage, douillettement emmitouflé apparaît au coin de la rue du Helder. Son col aux suaves contours est orné d'une cravate blanche. Il est couvert d'un pardessus d'où s'échappent les pans d'un habit noir, semblables aux ailes d'un hanneton. — Barbe d'opéra comique. Cette personne distinguée est M. Louis Enault. L'auteur de *La Vierge du Liban* marche coquettement sur la pointe de ses petits pieds.

En ce moment, Adolphe Gaïffe, chargé de décorations étrangères, sort de chez Bignon, un cigare aux dents, et M. Armand Baschet descend d'un fiacre dont les stores ne sont pas baissés.

Ces Messieurs se reconnaissent et entrent en conversation.

GAÏFFE. — Par don Rodrigue de Bivar, je suis fort aise de vous rencontrer, messeigneurs. Plaise à Notre-Dame et aux chastes étoiles de vous tenir en joie ! Je suis le descendant de don Gayferos, époux de Mélysandre, celui-là même qui jouait au tablero du roi Carlos.

M. LOUIS ÉNAULT. — Je suis sur les dents. J'ai valsé, j'ai contredansé. Je transpire comme une nouvelle diplomatique. D'honneur, j'en aurai la coqueluche. Que dirait Hachette s'il me voyait en cet état !

ARMAND BASCHET. — Également j'ai passé ma soirée

dans le monde. Ah! je suis charmé, ah! écoutez, je suis charmé.

GAÏFFE. — La chevalerie est morte; elle est morte sous les risées. C'est Cervantès Saavedra qui l'a tuée. Voyez, dans son roman sacrilége et funeste, ce héros des Espagnes, aussi vaillant que le Cid, mais plus chevalier que lui. Voilà l'homme de cœur dans toute la beauté du mot, voilà la folie de l'épée.

ARMAND BASCHET. — C'est de Don Quichotte que vous parlez? Ah! ça m'a bien fait rire, ah! écoutez, ça m'a bien fait rire. (*Il se tord.*)

M. LOUIS ÉNAULT. — Comment n'êtes-vous pas des soirées de M. Pitre-Chevalier?

ARMAND BASCHET. — N'est-ce pas un peu mêlé?

M. LOUIS ÉNAULT, *se récriant.* — Que dites-vous! mais on y voit M. Paul Foucher, madame Mélanie Waldor, M. Chadeuil, le docteur Aussandon, le baron Officiel, tout ce que Paris renferme de gracieux et d'élégant.

ARMAND BASCHET, *avec cynisme.* — Moi, j'aime les vieilles femmes, on ne risque pas d'en devenir amoureux.

M. LOUIS ÉNAULT. — Mon dieu! je ne les déteste pas. Les jeunes femmes dansent, rèvent et s'occupent de toilette, tandis que, la conversation étant l'unique ressource des dames àgées, elles parlent de vos livres, elles s'occupent de vous. Une vieille femme représente comme publicité deux annonces dans un journal.

ARMAND BASCHET, *avec un geste d'intrigant.* — Et puis elles vous poussent dans la diplomatie.

GAÏFFE. — Voyant que les Mores occupent nos guérets et que les braves compagnons des Asturies sont disséminés, j'ai creusé une fosse et j'y ai enfoui mon épée. Puis, j'ai couvert d'un crêpe les armes de mes ascendants, et je me suis fait cette devise :

HUGO NE PUIS, DUMAS NE DAIGNE, GAÏFFE JE SUIS!

M. LOUIS ÉNAULT. — Moi, je voudrais être chef de bureau.

ARMAND BASCHET. — Également je cours après les honneurs. Ah! écoutez, je voudrais être honoré.

GAÏFFE. — Il n'y a aujourd'hui que la finance qui puisse nous donner les commodités de la vie.

M. LOUIS ÉNAULT. — Une jeune fille indigène est amoureuse d'un officier français....

ARMAND BASCHET. — Qu'est-ce que c'est que ça?

M. LOUIS ÉNAULT. — Je vous raconte *La Vierge du Liban.*

GAÏFFE — Flanquez-nous la paix. C'est déjà bien assez de l'écrire!

M. LOUIS ÉNAULT. — Il vous appartient bien de me railler, vous qui passez votre vie à ne rien faire...

GAÏFFE. — Holà! messieurs, vous m'irritez. Est-ce donc un métier si difficile que celui que vous faites? La méthode en est précise et simple, et je ne saurais la suivre mieux que vous. Nous allons voir si vous n'avez point oublié votre leçon. Élève Baschet, quels sont les genres divers que comporte le roman?

ARMAND BASCHET. — Le roman peut être : pastoral, social, maritime, gymnastique; colonial, historique, etc ..

GAÏFFE. — A quel genre appartiennent *Monte-Christo*, *Ascanio*, *Les Mousquetaires?*

ARMAND BASCHET. — Au genre gymnastico-historique. On y rencontre des personnages qui sautent d'un troisième étage et qui retombent sur la pointe du pied. Le héros y traverse l'Océan à la nage et fait des tire-bouchons avec les piliers des réverbères à gaz.

GAÏFFE. — Élève Enault, virons de bord et entamons le roman maritime.

M. LOUIS ÉNAULT. — On amarre, on file des nœuds vent arrière ou vent debout, on va de babord à tribord. On soupire dans l'entrepont et l'on se donne des rendez-vous dans la cambuse. Le pirate est indispensable et le naufrage de rigueur.

ARMAND BASCHET. — Le naufrage est une situation qu'on ne peut guère envisager d'un œil sec.

GAÏFFE. — Élève Énault, passez au roman colonial.

M. LOUIS ÉNAULT. — Des boucaniers, des bananes, une panthère, plusieurs boas constrictors et une forêt vierge au moins...

GAÏFFE. — Faites un canevas.

M. LOUIS ÉNAULT. — Le nègre Necao a juré de manger

la chevelure du mulâtre Maradan. Il se glisse à travers les joncs qui croissent auprès du Morne-aux-Tigres et enlève à coups de hache la tête de son ennemi. De retour dans sa hutte, Necao se livre à son horrible festin, et les cheveux de Maradan ne tardent pas à l'étouffer.

GAÏFFE. — Combien l'almanach romantique reconnaît-il de mois à l'année ?

M. LOUIS ÉNAULT. — Trois seulement : Janvier avec les chasses, les avalanches et les étangs glacés qui engloutissent les amoureux trop confiants ; Août, le mois des séductions torrides et des amours adultères ; puis, le fiévreux Octobre avec ses nuées de feuilles mortes et ses chœurs de phthisiques qui lèvent les yeux au ciel en buvant à plein verre de l'huile de foie de morue.

GAÏFFE. — Quelles sont les quatre écoles différentes dans le style descriptif en général ?

M. LOUIS ÉNAULT — Botanique, zoologique, minéralogique et minutieuse.

GAÏFFE. — Donnez des exemples.

M. LOUIS ÉNAULT. — Portrait d'une jolie fille. Ecole botanique : Marguerite était blanche et pure comme un lis à son premier matin ; ses yeux étaient bleus comme la campanule des champs, sa chevelure odorante comme les grappes fleuries de l'acacia, et ses lèvres plus fraîches qu'un œillet rouge où perle la rosée. Avec une tige et quelques étamines, le portrait sera complet.

GAÏFFE. — École zoologique ?

M. LOUIS ÉNAULT. — L'école zoologique nous peindra Fauvella avec une taille de gazelle, une voix de rossignol, le regard fascinateur du serpent et la souplesse du tigre. — Argentine, dira la minéralogie, avait des dents de perles et des lèvres de corail, des yeux de jais et un cou d'albâtre. Elle brillait comme un diamant limpide dans le monde où le sort l'avait jetée, et l'on aurait oublié auprès d'elle tous les trésors de Golconde et d'Almaden.

GAÏFFE. — Passez à l'école minutieuse.

M. LOUIS ÉNAULT. — Le vendredi 13 octobre 1831, Marie-Thérèse-Angèle de Châteauneuf comptait dix-sept années, trois mois et onze jours. La blancheur de sa peau était déparée par une tache imperceptible un peu au-dessus de la tempe gauche. Sa chevelure était entièrement noire, à l'exception d'un cheveu de couleur rougeâtre qui n'échappait point à l'œil de l'observateur, etc., etc.

ARMAND BASCHET. — C'est bien ça, ah! écoutez, c'est bien ça!

GAÏFFE. — Vous savez, il est vrai, votre catéchisme, mais cela ne vous sert pas à grand'chose. Vous êtes obligés d'aller courir le monde pour trouver une malheureuse idée. Vous ne savez pas voir ce qui vous entoure. Vous, Baschet, vous allez à Venise. On vous communique des documents précieux, et vous nous rapportez une petite galette de quinze pages. Quelle a été votre préoccupation? D'être présenté dans les salons. A quoi bon, si vous n'y voyez rien?

ARMAND BASCHET. — Permettez ; j'y ai vu des messieurs, j'y ai vu des dames. Ah! écoutez, j'y ai vu des dames.

GAÏFFE. — Vous en adoriez une, m'a-t-on dit. Elle était prête à répondre à votre amour...

ARMAND BASCHET. — Ah! écoutez, n'entrez pas dans ma vie privée.

GAÏFFE. — Je resterai sur le seuil. Qu'arriva-t-il ? C'est que pouvant être aimé d'une femme charmante, vous fîtes ce petit raisonnement : une liaison est compromettante. Si on venait à s'apercevoir de quelque chose, on m'introduirait à la porte, et cela me ferait un salon de moins. Sacrifions nos sens et notre cœur !

ARMAND BASCHET. — La tranquillité des parents, la sûreté des familles....

GAÏFFE. — Vous appartenez tous les deux, mes amis, à la grande confrérie des cravates blanches. On rencontre partout dans Paris des bonshommes qui viennent on ne sait d'où. Ils ont un habit noir, des gants paille ; ils vont partout, et un beau jour ils sont devenus quelque chose, sans que personne sache ni pourquoi ni comment.

M. LOUIS ÉNAULT. — Mais je travaille beaucoup.

GAÏFFE. — Vous vous répandez trop. Rien de saillant dans vos écrits. C'est fade, c'est diffus.

BASCHET. — Ah! si j'étais beau comme l'un de vous deux !

M. LOUIS ÉNAULT. — Baschet, finissez vos manières!

GAÏFFE. — Énault est trop beau pour travailler et trop travailleur pour rester beau. Une dame qui l'a vu hier, dans un salon, demandait à son voisin : Quel est donc ce monsieur qui a une si jolie tête? on dirait le dentiste de Jésus-Christ.

M. LOUIS ÉNAULT. — C'est bien. On verra plus tard qui je suis. En attendant, je vais me remettre au travail, et j'aurai du succès, je le jure sur la tête de Lahure... successeur de Crapelet.

GAÏFFE. — Quel heure est-il?

M. LOUIS ÉNAULT, *avec intention.* — Allez le voir au *cadran Solar!*

M. Énault va de son côté, M. Gaïffe du sien, M. Baschet remonte dans son fiacre. La lune disparaît.

UN TRIO DE ROMANS

UN TRIO DE ROMANS

P ARMI les oisifs et les gens d'affaires qui déjeunaient ce matin au *Café des dix Colonnes*, tenu par le sieur Feuilleton, on remarquait trois personnages encore jeunes dont l'air et la tournure n'étaient pas ceux de tout le monde. Si quelqu'un des passants avait demandé leur nom à M. Godefroy, agent-général de la Société des Gens de Lettres, M. Godefroy lui eût répondu :

— Le premier est M. Henry Murger;

Le second est M. Champfleury;

Le troisième est M. Charles Monselet.

Après avoir fait enlever la vaisselle qui encombrait leurs tables, ces messieurs ont demandé *ce qu'il faut pour écrire* et se sont mis à l'ouvrage.

M. CHAMPFLEURY, *écrivant.* — JEAN CHOUYOU, *Souffrances domestiques des Porteurs d'eau.* — Chapitre premier. — Les personnes qui passent à huit heures du matin par la rue Grégoire de Tours, ont pu remarquer au pied d'un mur humide et lézardé qui se trouve sur la droite, un peu avant d'arriver à la rue de Buci, un amas d'ordures dont l'observation ne manque pas d'intérêt. C'est un amas pittoresque de bouts de carottes, de cosses de pois, de feuilles de salade, d'arêtes de poissons et autres rebuts. A de certaines saisons, les côtes odorantes du melon et la peau fine et rouge de la tomate viennent augmenter l'attrait du coup-d'œil. Les os y sont rares. On les vend jusqu'à trois sols la livre pour fabriquer du *noir animal*, denrée qui sert à raffiner le sucre.

M. HENRI MURGER. — MISÈRE ET PRINTEMPS, *Scènes de Peinture et d'Amour.* — Au mois de mai dernier, un jeune couple monta lestement dans l'omnibus qui conduit les voyageurs depuis la station d'Enghien jusqu'à Montmorency. Le ciel était bleu comme un Prussien. Les rayons du soleil s'allongeaient comme des cils lumineux autour de cet œil éclatant dont le regard nous échauffe et nous réjouit. Les arbres, tout couverts de bourgeons et de fleurs, agitaient leurs panaches parfumés où les oiseaux, secouant la sonnette de leur satisfaction, semblaient donner la répétition générale de l'opéra du printemps.

M. CHARLES MONSELET, *se parlant à lui-même.* — Je n'aurai jamais fini! .. Faire à la fois ma nouvelle pour *La Presse* et le cinquième numéro du *Gourmet*, journal des intérêts gastronomiques... Enfin! (*Il écrit.*)

LA FEMME PASSIONNÉE. — Chapitre premier. — La comtesse Berthe de Riflis venait d'atteindre sa vingt-septième année, et jusqu'à ce moment, sa conduite avait été irréprochable.

Les escargots à la bordelaise demandent à être cuits à grand feu, en prenant garde, cependant, de ne pas faire brûler les coquilles, ce qui serait infect.

Elle avait résisté aux séductions dont elle était entourée, aux hommages des jeunes gens, aux assiduités des vieillards. Le comte de Riflis, son époux, ne lui savait aucun gré de sa vertu. C'était un homme de mœurs douteuses et d'une réputation fort entamée. On l'avait surpris quelquefois volant au jeu, ce qui avait éloigné de lui quelques personnes austères.

Après avoir haché votre ail et votre persil, vous prenez une mie de pain et mêlez le tout. Il suffit d'un instant pour faire votre *roux*.

M. CHAMPFLEURY, *continuant.* — Un homme sale et mal mis, appartenant à la lie du peuple, s'arrêta devant les immondices.

Cet homme, c'était Jean Chouyou, notre héros.

Il les considéra avec une attention pleine d'amour ; puis, tout-à-coup, il pâlit horriblement.

— Mon Dieu, murmura-t-il sourdement, elle ne m'aime plus ?

Cet homme aux larges épaules, aux cheveux roux, aux mains noires et velues, aimait éperduement une femme de journée qui faisait le ménage de M. Nourrichet, employé du Mont-de-Piété. Cette femme, nommée mademoiselle Porquin, avait coutume d'indiquer des rendez-vous à son amoureux par la disposition des morceaux de navets et par l'arrangement des cosses de pois.

C'est ce que les Orientaux appellent *selam*.

M. HENRY MURGER. — La jeune fille portait une capote rose dont les reflets donnaient à ses joues une animation qui déguisait mal son état maladif : Berthe était poitrinaire ! Théodore, son compagnon, n'avait rien mangé depuis trois jours. Il était peintre, et la misère habitait son atelier ; encore la misère devait-elle trois termes !

M. CHARLES MONSELET. — Voici comment s'accomplit dans le cœur de la comtesse de Riflis le bouleversement qui devait décider de son avenir. Avant de faire cuire vos escargots, informez-vous s'ils ont jeûné le temps suffisant. Faute de cette précaution, vous auriez une nourriture malpropre. Elevée au couvent de Sainte-Conradine, la comtesse avait puisé dans l'éducation religieuse ce calme et cette sérénité qui sont comme un rempart où le bélier du libertinage ne saurait faire brèche. Faites cuire des haricots rouges avec deux ou trois oignons. Passez-en purée et mouillez. Ajoutez du beurre et versez sur des croûtons frits. Femme du monde avant tout, nature délicate comme la sensitive, elle ne pouvait guère... Le saumon doit suer à la braise... Hé! doucement, j'allais mettre la comtesse à la sauce aux câpres...

M. CHAMPFLEURY. — Mademoiselle Porquet était une femme de quarante ans. Une petite moustache brune ombrageait sa lèvre, et un énorme bouquet de poils jaillissait d'une tache foncée placée sur sa joue droite. Elle portait un bonnet tuyauté, une espèce de bonnet acariâtre et grinceux qui lui avait été donné pour sa fête par M. Nourrichet.

M. HENRY MURGER. — Berthe et Théodore se rendirent chez leur nourrice, où une tranche de jambon assaisonnée d'insouciance, les attendait dans l'assiette de la cordialité.

M. CHARLES MONSELET, *ayant complétement perdu le fil de sa narration.* — La comtesse, avait pour cuisinier... c'est-à-dire... pour confident, un vieil ami de son père, qu'on disait très-friand de raie au fromage. C'est à lui qu'elle avait raconté ses désillusions et ses larmes, quand, garnie de petits oignons rissolés, et remise au four pour prendre couleur avec une petite couche de fromage râpé... Ta, ta, ta, je m'enfonce. Il est fort difficile de mener de front la cuisine et le cœur humain.

M. CHAMPFLEURY, *interrompant son travail.* — L'observation est la source éternelle de romans intéressants et vrais. Pourquoi je ne sais quels freluquets vont-ils se creuser la tête, quand ils n'auraient qu'à regarder autour d'eux pour écrire? Tout est chef-d'œuvre pour qui sait voir : l'amour du fort de la halle, la prise de tabac du commissionnaire, le sourire du concierge, le mouchoir à carreaux du marchand de vins!

M. CHARLES MONSELET. — Moi, j'aime les roses, le rire franc, les femmes folàtres, l'Aï pétillant. Je suis du grand parti de Cupidon. Vive Cupidon!

M. HENRI MURGER. — Croyez-vous sérieusement que Cupidon puisse s'arranger de vos recettes de salmis et de lapin sauté? Prenez-y garde, *ceci tuera cela.*

M. CHAMPFLEURY. — Il y a dans une cuisine, comme partout, matière à observation. Par la manière dont les casseroles sont fourbies et placées, je peux dire à coup sûr le caractère et le tempérament de la cuisinière.

M. HENRY MURGER, *riant.* — Avec le lieu de sa naissance et l'âge de son cousin...

M. CHARLES MONSELET. — S'il faut vous l'avouer, j'ai voulu couper la queue de mon chien.

M. HENRY MURGER. — Rien de mieux quand l'attention publique est distraite ou occupée ailleurs; mais vous allez trop loin, *vous éventrez votre chien.*

M. CHAMPFLEURY. — On a de la chance ou on n'en a pas, voilà tout. L'homme qui annonce pompeusement qu'il va escalader quelque chose, trouve toujours des imbéciles pour lui tenir l'échelle et lui prêter leur dos au besoin.

M. CHARLES MONSELET. — J'ai fait de la satyre avec un certain éclat, j'ai fait de la critique, j'ai fait des romans comme tout le monde, eh bien ! je ne trouve pas qu'on me sache assez gré du travail accompli. C'est ce qui m'a décidé à faire de la cuisine.

M. HENRI MURGER. — Pourqui pas de la peinture ? Je ne suis pas connaisseur en tableaux, mais je suis connaisseur en peintres. Voilà des gens intéressants !

M. CHAMPFLEURY. — Un peu trop distingués. Les toiles d'araignée, la moisissure, le pain bis, le jambon fumé donnent à un roman je ne sais quoi de réel et de vivant que la palette, les pinceaux et le chevalet ne rendront jamais avec autant de cachet.

M. HENRI MURGER. — Un cachet de mauvaise compagnie !

M. CHAMPFLEURY. — Il n'y a pas de mauvaise compagnie.

M. CHARLES MONSELET. — Messieurs, la discussion ne convertirait aucun de nous à l'opinion de son voisin. Déjeunons à côté les uns des autres, mais une autre fois, que chacun aille écrire chez soi.

A Champfleury

Il faut à vos romans un vieux célibataire,
Une gastrite, un asthme et parfois un ulcère ;
Tout ce qui peut grouiller, puer et faire horreur,

Ou donner la nausée ou soulever le cœur...
Et si vous observez, vous observez par terre.
Il est des rats dans les greniers et dans l'égout.
Si je devenais chat — trouvant des rats partout,
Je chasserais plutôt au grenier — c'est mon goût.

HENRI MURGER

Je viens d'apercevoir un peintre qui chemine
Le long du boulevard, mes amis, parlons bas !
Je vais le suivre.. Il faut ainsi que je butine...
Ce roi des ateliers ne m'échappera pas !

(Il se met à la poursuite du peintre.)

M. CHAMPFLEURY, *croyant parler en vers.*

Tout ce que vous pourrez dire m'inquiète fort peu,
Et ne m'empêchera pas de continuer.

CE QU'ON NE VOIT PAS

CE QU'ON NE VOIT PAS.

C'EST ce matin même que le prince Friedrick de Kiesslinbercanonbrugghe a quitté Paris. Le prince, accompagné de son précepteur, le célèbre Athanase aîné, s'est rendu à la gare du Nord dans le fiacre n° 226,379. Le fait a été consigné dans tous les journaux, et M. Paul d'Yvoi en a fait le sujet d'une palpitante causerie; mais ce qu'on ignore, ce sont les événements intimes qui ont précédé ce départ.

Le prince Friedrick, bien que harcelé par sa famille,

ne pouvait se décider à quitter la capitale de la France. Hier, au soir, le célèbre Athanase aîné trouva son élève tout en pleurs et presque évanoui sur sa caisse à chapeau.

Prince, lui dit-il d'une voix émue, je ne comprends rien à votre désespoir. Que regrettez-vous à Paris? Est-ce Grassot? est-ce *La Semaine financière?*

— Athanase, je regrette tout! Ma maîtresse si fidèle; ce luxe et ce goût exquis qu'on ne trouve qu'ici, les théâtres où je pleure comme un enfant, et le vicomte de Castelfondu, ce jeune gentilhomme dont j'ai fait la connaissance chez Bignon et qui est devenu mon plus fidèle ami...

Athanase aîné leva les yeux au plafond.

— Prince, s'écria-t-il, vous voyez toute chose à travers un prisme; et bien qu'il me soit cruel de vous enlever vos illusions, la sincérité de votre douleur me décide à le faire. Je ne suis pas Allemand pour rien ; j'ai été le précepteur d'Hoffmann et j'ai quelque connaissance dans le grand art de la magie. Vous regrettez ces drames à effet qui vous faisaient vivre pendant quelques heures de la vie des personnages imaginaires. Vous avez cru à des passions, à des vertus? Votre naïveté ne s'est accrochée qu'à des semblants. Regardez et écoutez !

Le fond de l'appartement s'ouvrit. Le prince regarda et écouta :

PREMIER TABLEAU

Le cabinet de M. Dennery.

ANICET BOURGEOIS. — Ma foi! nous ferions bien de re-taper la vieille machine.

DENNERY. — Le quatrième acte vient si mal!

ANICET. — Nous ne pouvons guère refaire *La Grâce de Dieu* pour la centième fois.

DENNERY. — Hostein nous presse trop.

ANICET. — Allons donc! le titre est ronflant... je te dis que ça fera l'affaire!

LA MENDIANTE DES ALPES

ou

L'AVEUGLE PAR AMOUR

DENNERY. — Oui... et on dira : Cette pièce de deux habiles faiseurs n'a pas moins réussi que ses aînées. On y reconnaît la main qui a charpenté tant d'actes et tant de tableaux, le savoir-faire, les procédés, le goût du public... Cette vieillerie sera jouée cent fois. On l'a beaucoup applaudie, mais au fond ça ne vaut pas le diable ; etc. » Anicet, mon vieux complice, sais-tu que ça m'embête, à la fin?

ANICET. — Laisse donc!... C'est bon pour les grimauds de faire des chefs-d'œuvre qu'on ne jouera jamais!

DENNERY. — La comtesse me taquine... cette drôlesse-là, qu'est-ce que nous allons en faire au quatrième acte?

ANICET. — Ma foi! j'ai envie de la faire empoisonner...

DENNERY. — Il n'y a que ce moyen! Le comte a acheté un domestique du château... ancien forçat libéré... C'est lui qui verse le poison... une petite fiole que Rinondottieri a rapportée de Florence... Et Berthe-Marie, que devient-elle?

ANICET. — Il me paraît bon de la faire maudire par sa mère... à cause de l'enfant... Paul Lambert, qui l'a séduite, refuse de l'aborder au carrefour des Trois-Ormeaux, de peur de la compromettre... Elle reste seule et désespérée... Monologue.

DENNERY. — Si nous lui collions un peu de délire?

ANICET. — Oui... une portion de délire... c'est en situation.

DENNERY. — Entrée du docteur à qui Paulin Ménier a tout appris... Le docteur s'attendrit.

ANICET. — Mais nous avons dit plus haut que c'est une nature de fer!

DENNERY. — Ça ne fait rien... nous pouvons maintenant l'animer de sentiments généreux...

ANICET. — Il aura pensé à sa mère, alors?

DENNERY. — Parbleu!... Il arrive au moment où Pierre est un peu inquiet parce que sa fille n'est pas rentrée depuis un an... Il lui dit : Je vous la ramène... mais il y a un petit !... Alors Pierre s'écrie : Mais l'honneur ! l'honneur ! le nom de Pierre Sabochard a toujours été sans tache... Tu vois ça d'ici ?.

ANICET. — Bravo ! tous ! tous !

— Assez ! s'écria le prince, j'ignorais que cès œuvres qui captivent chaque soir l'attention de braves et honnêtes gens, pussent s'obtenir par de pareils procédés.

— Aussi, prince, dit Athanase, le théâtre châtie les mœurs comme le fouet que Jean-Jacques recevait de la main de mademoiselle Lambercier, — en les corrompant.

— Mais Anita, ma gracieuse amie, ne la crois-tu pas sincère ? Elle a voulu mourir parce que je lui démontrais l'impossibilité de l'emmener en Allemagne...

— Elle a voulu mourir, dites-vous ? C'est ce que nous allons bien voir !

DEUXIÈME TABLEAU

La chambre d'Anita, rue Pigale. — Murailles enrubannées. — Alcôve sombre, lit capitonné. — Plusieurs glaces. — Encombrement de potiches.

Anita est occupée à sa toilette. Après s'être frottée de cold-cream, la belle et naïve enfant se couvre d'une poudre odoriférante qui lui donne la blancheur de la neige. Elle ajoute par une légère couche d'encre de Chine à l'abondance de ses sourcils et encadre ses yeux d'un pastel espagnol qui en rehausse l'éclat, tout en les élargissant d'une manière démesurée. Les pommettes de ses joues de vingt ans prennent ensuite une légère couleur incarnat (fraîcheur à 1 fr. le pot) :

> Car toujours la peinture
> Embellit la beauté !

Anita se pose devant une armoire à glace et se contemple avec satisfaction. Elle va prendre sur le fauteuil voisin un corset de soie rose et l'inonde d'essence de violettes.

A ce moment, la porte s'ouvre. Entre M. Anatole. Torse pélasgique, pieds carrés, mains énormes ; une armoire qui marche ; grosses lèvres, teint rubicond, œil bête et rond, barbe touffue.

ANITA, *lui sautant au cou.* — C'est toi m'amour ?

M. ANATOLE. — Credié ! que tu sens bon ! les chiens doivent te suivre... Ah çà ! pars-tu ou ne pars-tu pas ?

ANITA. — J'ai mon *muffe* d'Allemand qui ne veut pas m'emmener ! Qu'est-ce qui aurait pensé ça d'un serin qui faisait du sentiment à la tranche !

M. ANATOLE. — T'as peut-être pas assez pleuré ?

ANITA. — Pour combien lui en faut-il donc ? Je me suis fendue d'un litre de pleurs... En v'là une scène à l'ognon. Puis, je m'en bats l'œil, j'aime autant rester... On n'est pas assez rigolo dans son pays !...

— Athanase ! s'écria le prince, j'ai l'estomac bouleversé.

Lâche-moi vite cette drôlesse, et passons à mon fidèle ami, le vicomte de Castelfondu...

— Voilà, dit Athanase.

TROISIÈME TABLEAU

Rue de Provence. — Un entresol. — Trophées. — Statuettes. — Pipes turques. — De tous côtés des gants paille et des bottes vernies.

LE VICOMTE, *seul.* — Qui de vingt-cinq ôte dix .. reste quinze... Quinze louis pour tout potage !... et il n'y aura pas de course d'ici à deux mois... J'ai beaucoup travaillé cette année, quatre-vingt-onze paris... mais comme l'argent file !... Ah ! la vie est dure... (*Il allume un cigare.*) Si je pouvais placer la malédiction de mon oncle à cinq pour cent... le vieux cuistre me servirait encore à quelque chose !... Il n'y a pas à dire, il faut se marier. Je trouverais bien quelque fille de boutiquier... Vicomtesse ! c'est assez tentant... surtout si cet imbécile de Friedrick, ce reître, ce lansquenet, ce mangeur de choucroute songe à m'envoyer un petit souvenir... l'ordre du *Pélican-Vert* seulement !... En voilà une scie ! m'a-t-il assez pesé sur le dos !... mais enfin, chevalier du *Pélican-Vert*... cela vaut bien quelques égards...

— Ah ! l'intrigant ! dit le prince, c'était là le motif de ses politesses... Eh bien ! ta boutonnière restera à la diète, mon bon ami.

— Prince, fit observer Athanase, Votre Altesse a fait un calembour, ce qui est une atteinte à l'étiquette; et le calembour n'est pas neuf, ce qui vous rend inexcusable.

— Tu m'ennuies, répondit le prince, mais je te pardonne à cause de ta fidélité. Fais-moi voir maintenant notre éminente cantatrice, la Fluttatolezzini. Tu as été témoin de mon enthousiasme pour ce merveilleux talent; je serais bien aise de connaître la femme que la nature a favorisée de tant d'avantages.

QUATRIÈME TABLEAU

Le ménage de la Fluttatolezzini.

L'éminente cantatrice est vêtue d'un peignoir sale et fané. Elle fait ses comptes avec sa cuisinière. Trois enfants mal tenus se roulent sur le plancher, tandis que leur père peu respecté, le marquis Pandolfo-Pandolfi, attend patiemment que les comptes soient terminés.

L'ÉMINENTE CANTATRICE. — Combien lé zigot?

LA CUISINIÈRE. — Six francs cinquante, madame.

LA CANTATRICE. — Qué la vie est cère dans cé diable dé pays!

LE MARQUIS PANDOLFO. — Mà cépendant, il faut y vénir per gagner beaucoup dé l'arzent.

LA CANTATRICE. — Et sourtout dé la réputation... Fais

donc taire les pétits... Mazetta! c'est oune ruine! Ils ont déciré le fauteuil...

(Le marquis rosse les enfants.)

LA CANTATRICE. — Si tou les fas plorer, faudra les moucer, ça fera oun blanchissage dé plous... Ah! combien dé çandelle?

LA CUISINIÈRE. — Vingt-deux sous.

LA CANTATRICE. — Prénez dé la plus zaune, c'est moins cer.

LE MARQUIS, *avec humilité.* — Ma cérie, qu'est cé qué tou mé donnes per la zournée?

LA CANTATRICE. — Ton arzent d'hier est donc fini... per Bacco!

LE MARQUIS, *pleurant.* — Zé perdou au domino.

LA CANTATRICE. — Vous êtes touzours à zouer aussi... Prénez garde! voilà quatré francs et tâcez dé régagner.

LE MARQUIS. — Oui, bonne amie, oui, loumière de ma vie.....

Se peut-il, s'écria Friedrick, que ce soit là cette femme adorable, cette grande artiste pour qui le public n'a pas assez d'applaudissements...

— Ce qui fait qu'on les double d'une *claque*, ajouta Athanase. Oui, prince, c'est elle-même. Cette femme gagne 60,000 francs par an. Son mari passe ses journées à courir les cafés, et quand le jeu l'a favorisé, sa femme partage son gain avec lui. Ils sont tous deux d'une avarice sordide.

Leur intérieur est sale, ils n'ont pas le linge suffisant, ils amassent !

— Il me semble murmura Friedrick que j'aurais maintenant moins de plaisir à l'entendre.

— Voulez-vous voir, reprit Athanase, le cabinet d'un de nos célèbres romanciers? Vous pouvez assister à la fabrication de tous les feuilletons d'après-demain.

CINQUIÈME TABLEAU

Un cabinet.

Soixante jeunes gens sont occupés à écrire.

— Mais lui, dit le prince, je ne l'aperçois pas.

— Ah! lui, il est sorti, fit Athanase; mais ses œuvres se font tout de même. Voulez-vous maintenant...?

— Je ne veux rien! s'écria Friedrick avec colère. Je vais boucler mes malles. Partons !

— Que de choses j'aurais cependant à vous montrer ! Comment les femmes d'employés à dix-huit cents francs ont des toilettes et des bijoux; comment les...

— Tais-toi, Athanase, je ne veux rien savoir !

— Prince, quand vous entrez dans un salon somptueux, songez-vous à l'aspect étrange qu'on lui donnerait en y mettant toutes choses à l'envers? le velours du divan serait remplacé par un crin rempli de poussière, la laine des tapis par une toile grossière, les glaces par des planches mal rabotées, les tableaux...

— Athanase, je veux partir !

— Demain matin au point du jour, prince.

— Mais comment dormir cette nuit ?

— Rien de plus facile, dit Athanase.

SIXIÈME TABLEAU

M. Legouvé écrivant au coin de son feu.

On peut lire sur la première page de son manuscrit le titre affriolant de sa prochaine comédie : *Le Baiser furtif.*

— L'ange du sommeil est assis à côté de l'auteur de *Par Droit de Conquête* et le considère avec tendresse...

— Et bien ! prince ? demanda Athanase.

Le prince ne répondit pas, un sommeil bienfaisant s'était emparé de son auguste personne.

LES BUFFETS LITTÉRÁIRES

LES BUFFETS LITTÉRAIRES

AVANT-PROPOS

Quoi qu'on en ait dit et quoi qu'on en dise encore, les gens de lettres dînent à peu près tous les jours. Ils dînent tantôt bien, tantôt mal ; mais, le fait est certain, ils dînent. C'est, pour la plupart d'entre eux, une habitude contractée en famille, et dont ils ne peuvent se débarrasser.

Toutefois, il n'est permis qu'à un petit nombre d'élus

de s'assurer du fait. C'est à leur témoignage que doit s'en rapporter le commun des mortels.

Les gens de lettres ont leurs cafés à eux, leurs restaurants à eux. Il serait plus facile d'extirper le chiendent d'une jachère que les plumitifs de l'estaminet où ils se sont acclimatés. La littérature est jalouse de ses tables et de ses banquettes. Elle s'y attache comme l'huître à son rocher. La peinture est tolérée, la sculpture est accueillie avec défiance, et, il faut bien l'avouer, ce n'est pas tout à fait sans raison.

On ne peut s'imaginer l'effet déplorable que produit fatalement une réunion de sculpteurs. Leurs voisins ont les pieds gelés. Le thermomètre baisse. Les toits blanchissent. C'est le mardi gras des engelures...

La sculpture est si froide !

De même que le café des Variétés est le domaine des vaudevillistes, plus connus sous le nom de *petites vieilles*, ainsi le divan Lepeletier appartient sans conteste aux journalistes militants et à quelques romanciers plus ou moins en vogue.

C'est au sein de ces colonies artistiques, plus mystérieuses que le Japon, que je vais tenter d'introduire le lecteur.

Aujourd'hui qu'une moitié de Paris passe ses journées à mettre l'autre sur le gril, il est convenu que chacun doit compte au public de ses observations et de ses sympathies. Bien sot celui que retiendraient des scrupules passés de mode. On croirait à sa timidité, jamais à sa bienveillance.

Poussé par une volonté plus forte que la mienne, et après avoir tourné sept fois ma plume dans l'encrier, je commence la série de mes révélations par le plus impénétrable des sanctuaires.

Entrez donc, — mais chapeau bas !

Car il est plus sacré que la Mecque.

LE RESTAURANT DINOCHEAU

C'est à l'angle de la rue de Navarin et de la rue Bréda, à quelques centimètres au-dessous du sol. Le vulgaire n'aperçoit d'abord que la boutique d'un marchand de vins. Le comptoir en étain, les bourriches, le tourniquet, — rien n'y manque.

Au fond, une porte vitrée, puis une salle basse, garnie de quelques tables.

Rien de bien extraordinaire jusque là.

Mais ne voyez-vous pas dans un coin mystérieux de ce salon l'entrée d'un escalier dérobé qui ne saurait échapper à l'œil de l'observateur ?

Montez avec moi, mais prenez bien garde que votre chapeau n'aille s'aplatir contre le plafond le plus étrange de tous ceux qu'on a oublié de blanchir. Chez Dinocheau, les récifs sont au-dessus de nos têtes.

A l'entresol, une cuisine et deux chambres à coucher.

— Passons. C'est l'asile immaculé des frères Dinocheau, l'un si blond, l'autre si brun; mais, du reste, *Arcades ambo!*

Ces lumières, ces tables de marbre, cette boiserie d'un si admirable travail, cette richesse dans la simplicité, tout nous apprend que le premier étage est bien digne de ses nobles hôtes.

Asseyez-vous, c'est ici.

LES HABITUÉS.

Si l'on est curieux de savoir ce que sont devenus tous les gens qui ont passé depuis trente ans par cette salle oblongue, on trouvera les uns sous-préfets, les autres consuls à tous les points du globe; d'aucuns sont secrétaires d'ambassade, plusieurs ont obtenu de plus hautes positions, et un tout petit nombre fait la gloire du barreau français.

Que reste-t-il donc aujourd'hui?

Les meilleurs, les plus vaillants, les vrais des vrais!

Exemples :

HENRY MURGER.

Le style, c'est l'homme, a dit Buffon.

Eh bien! on aura beau lire et relire cent fois les œuvres

de Murger, je défie bien qu'on se fasse une idée de sa calvitie.

On devinera sa barbe, ses mains, son costume ; mais ce dôme d'ivoire sur lequel Murger a l'habitude de mettre un chapeau, — on ne le devinera jamais.

Murger est l'homme le plus généralement bienveillant que je connaisse.

Il est impossible qu'il trouve à tout le monde autant de talent que cela.

La bienveillance est la ressource des faibles, et Murger n'en a pas besoin.

CHARLES MONSELET, DIT L'ABBÉ.

C'est la conformation de Monselet qui a donné l'idée des petits ballons roses, avec cette différence que Monselet s'enlève difficilement. Il va sans dire que je ne parle pas de ses livres.

Calme, souriant, dodu, Monselet cache sous un masque impassible les regrets les plus amers.

Il a essayé de tout un peu et il cherche encore sa voie. Il voudrait bien faire croire à ceux qui l'entourent que *La Franc-Maçonnerie des Femmes* est un chef-d'œuvre, mais Murger lui-même refuse de se prêter à cette manière de voir.

Et voici pourquoi.

7

Au beau milieu de la publication de son roman, Monselet part pour Venise et laisse ses lecteurs le bec dans l'eau.

On se fâche, on crie, les opinions se partagent, et l'abbé revient en se frottant les mains :

— Mon roman a fait du bruit, donc c'est un succès.

— C'est l'interruption qui a fait du bruit, lui répond-on, ce n'est pas le roman. C'est un succès... d'interruption.

Monselet, qui a plus d'esprit que ses détracteurs, se console en relisant *M. de Cupidon* et en publiant *La Lorgnette littéraire.* Mais à peine a-t-il livré le manuscrit de ce succès de demain, qu'il est parti pour la Bretagne. Soyez convaincu qu'il nous ménage encore quelque surprise.

Il va nous dire, à son retour :

— J'étais parti, je suis revenu, donc *je suis arrivé !*

NADAR

Une mandragore de six pieds de haut.

Tête flamboyante, avec une éruption de poils sur la joue, et des jambes à perte de vue.

Affable, bon enfant, travailleur infatigable, Nadar est à la fois homme de lettres rue Vivienne, caricaturiste rue Bergère, photographe rue Saint-Lazare, et enfant terrible chez Dinocheau.

JULES DE PRÉMARAY

Le plus consciencieux et le plus bienveillant des critiques du lundi, Jules de Prémaray a une *toquade*. Il se voit constamment entouré d'ennemis imaginaires. Il passe sa vie au milieu des piéges et des embûches. On a oublié ses succès au théâtre. On le *débine*, on le nie, on veut le tuer! Si une main s'approche de son potage, Prémaray ne se hasarde que difficilement à le goûter, il est convaincu qu'on y a jeté du vert de gris.

Chaque nuit lui apporte un cauchemar nouveau.

Murger le tenant à bras le corps, pendant que Banville lui enfonce des clous dans la tête et que Monselet lui tenaille les pieds avec des pinces rouges comme celles d'un homard cuit; ou bien encore, Montigny rayant du répertoire du Gymnase toutes les pièces qui portent le nom de Prémaray, Delacour lui crevant les yeux, et Siraudin répondant à ses plaintes par un long ricanement!...

Jules de Prémaray ne croit pas à la fraternité littéraire. Il ne fait plus chez Dinocheau que de rares apparitions. Et encore n'y vient-il qu'avec une cotte de mailles et des contrepoisons de tous genres.

Il a trop d'amis dans la maison pour y être tranquille.

ALFRED BUSQUET

Mal vu de Dinocheau parce qu'il ne donne pas assez dans le supplément.

Habitué fidèle et très-fort aux dominos, Busquet arrive à

six heures et demie et part à neuf heures, après avoir gagné une demi-tasse à Barthet, un cigare à Murger et un grog à Fauchery.

ANTOINE FAUCHERY

Quand on a pris en dégoût la littérature à deux sous par ligne, quand on s'est aperçu qu'il faut quinze ans à un livre pour être apprécié à sa valeur, quand on est lassé du journal où se sont éparpillés, gâchés, tant d'idées, tant de drames avortés, tant de romans réduits à un chapitre unique pour fournir à la vie de chaque jour, on fait comme Fauchery — on part !

Il est allé en Australie, on ne sait où.

Il a travaillé de tous les métiers honnêtes, et, après cinq ans, il est revenu. Il est revenu plus jeune et ayant moins souffert que ceux qui sont restés. Et il a retrouvé ses amis d'autrefois avec les besoins d'autrefois, les ambitions humiliées, les ardeurs inassouvies... Il a retrouvé Sisyphe en face de son rocher !

Il est reparti.

ALFRED VERNET

Une miniature d'homme qui fait des portraits en miniature. Petit, gracieux et gambadant toujours, il chante comme un rossignol et mange de la salade comme un pinson. Dinocheau l'appelle *la mort des chicorées*.

ARMAND BARTHET

Surnommé l'*époux imprudent*, *fils rebelle*, bien qu'il soit célibataire et qu'il adore ses parents. C'est le type parfait de l'homme *brusque et bon*. Il est dur pour les gens qui lui déplaisent, charmant et dévoué pour ses camarades.

Barthet est la plus auguste victime des intrigues théâtrales. *Le Chemin de Corinthe*, comédie en trois actes, n'a pas été joué pour cause de froideur auprès d'une actrice. Barthet a fait *Le Veau d'Or*, pièce en cinq actes et en fort beaux vers, je vous jure ; mais *Le Veau d'Or* ne sera peut-être pas joué, parce que *Le Chemin de Corinthe* ne l'ayant pas été, il n'y a pas de raison pour humilier cette comédie par une préférence en faveur de sa cadette.

Le comité de lecture a si bon cœur !

VOILLEMOT

Peintre blond et doux, communément revêtu d'un costume espagnol. On croit que c'est un vœu de sa marraine qui l'a voué, dès son bas âge, à saint Jacques de Compostelle.

LES INTERMITTENTS

Enfin Théodore de Banville, Victor Cochinat, Charles Emmanuel, et cent trente-deux autres que j'oublie volontairement, viennent s'asseoir tour à tour à la table de Dinocheau (côté du mur).

Le côté des fenêtres appartient de temps immémorial à une bande d'architectes qui se familiarisait chaque jour davantage avec la littérature, si bien qu'on a été obligé d'établir une ligne de démarcation.

C'est une allumette qui indique la frontière, et grâce à cette précaution, tout le monde vit en bonne intelligence.

LES ENTR'ACTES

Des gravelures, des hurlements, des citations, des éreintements, je ne sais quoi d'impossible, de bête, de sublime! Et à côté de cela, des discussions graves, sévères — mais de peu de durée.

Les jugements littéraires sont rendus en première instance chez Dinocheau. La cour d'appel siége au divan Lepeletier.

Dans les entr'actes, Nadar fait des boulettes de pain et casse de petits morceaux de bois pour les lancer ensuite dans toutes les directions.

Quand les munitions lui manquent, il appelle Marie, une

vieille Allemande, brune comme la Guinée, édentée comme un machicoulis.

— Marie, *collez-moi* des allumettes!

— Foilà, môssié Natar.

Et Nadar recommence.

Quand il ne vient pas, on dit « *qu'il est allé jeter des allumettes en ville.* »

DINOCHEAU PEINT PAR LUI-MÊME.

Dinocheau aîné, surnommé GLOBE, ne se montre que rarement parmi nous. Il s'est réservé le département du rez-de-chaussée.

C'est Edouard Dinocheau, notre Edouard! qui fait les honneurs du premier étage.

Edouard a du génie; quand il s'agit de pousser à la consommation, il s'élève souvent à la hauteur de l'épopée.

Un soir de ces jours derniers, un client apporte la biographie et la charge de Monselet.

Edouard pousse des cris de joie, il trépigne, il gambade. Tout à coup, il saute sur une chaise.

Que va-t-il faire?

On se regarde, on s'interroge de l'œil.

Edouard plaque Monselet contre la glace, au moyen de quatre pains à cacheter; puis, se tournant vers le public et avec un geste inspiré :

— Faut l'arroser, messieurs!

Hier, le nom diabolique d'*eau de Seltz* ne me revenant pas à l'esprit, je fus obligé de recourir à une périphrase :

— Edouard, donnez-moi de votre drogue à l'*acide sulfurique*.

Dinocheau sans sourciller :

— Une bouteille de Fleury?

— Malheureux! s'écria Nadar, avec quoi peux-tu faire le Volnay, alors?

NOTE CONTRE NOTE

La musique est, on le sait, le délassement des natures sensibles.

Edouard serait un être incomplet s'il ne jouait pas du violon. Le violon explique Edouard, comme Edouard implique le violon. Il l'a compris, du reste, et voici l'usage qu'il fait de son petit talent. Je ne vous dirai pas qu'il est de la force de Paganini, au contraire! mais enfin il fait ce qu'il peut.

Or, quand un client laisse traîner son compte en longueur, Edouard, trop homme du monde pour demander grossièrement l'argent qui lui est dû, prend son violon et joue une petite contredanse à son débiteur.

Puis il attend. Un bon averti en vaut deux.

Le lendemain, si rien de nouveau n'est survenu, Dinocheau passe à l'air du *Brindisi*; et jamais, JAMAIS, le

client le plus intrépide n'a osé affronter le grand air de
Lucie qui lui est promis pour le troisième jour.

Il paie, — afin d'avoir le droit de dire à Dinocheau :

— Tu joues comme un scélérat, tu m'écorches les
oreilles, flanque-moi la paix !

Le frère aîné, GLOBE, emploie un moyen du même genre.

Quand la dette d'un client atteint le chiffre de vingt-
cinq francs, il lui supprime *monsieur*. A cinquante francs,
il l'appelle par son prénom. A cent francs, il le tutoie et
lui tape sur le ventre.

Il y en a qui préfèrent le violon !

LE DIVAN LEPELETIER

LE DIVAN LEPELETIER

L E public serait bien étonné si on lui communiquait la liste des membres de la Société des Gens de Lettres.

Et il le serait bien davantage encore si on lui disait qu'il existe, dans Paris, en dehors de cette liste déjà si longue, plusieurs centaines d'individus qui s'intitulent journalistes, romanciers, poètes, et qui ont tous la prétention de devenir célèbres.

On sait que, du temps de Piron, les quarante académiciens avaient *de l'esprit comme quatre.* Les choses n'ont guère changé, sans doute, car la plupart des immortels empruntent encore tout leur éclat au fauteuil dont ils ne sont que la housse.

Mais, hélas ! la housse tombe, le fauteuil reste, et l'immortel s'évanouit !

Parmi tous les sinécuristes de la littérature, poètes de mirliton, donneurs d'eau bénite, diplomates de carton, palettes à décorations étrangères, combien en compterait-on de véritablement connus ?

La gloire est un vain mot.

Il n'y a de célèbre que Dieu et Napoléon.

ET POUR PREUVE

J'assistais dernièrement à une soirée de province.

— Qui est-ce donc qui a *inventé* la vapeur ? demandait un avocat, en ayant l'air de chercher dans sa mémoire.

— Christophe Colomb, je crois, répondit timidement un adjoint du maire.

— Non, Cristophe Colomb c'est celui qui a inventé la poudre.

Il y avait là cinquante personnes, la meilleure société de l'endroit : pas une ne connaissait Salomon de Caus !

Ceci posé, le droit m'est acquis de présenter Trousseminard comme le rival de Méry, et Mouillefarine comme le successeur de Balzac.

Si les lecteurs se révoltent, je répondrai à l'instar du prophète :

— Que celui qui connaît par leur nom les quarante académiciens me jette la première pierre !

COUP D'ŒIL RÉTROSPECTIF

La renommée du Divan Lepeletier, comme cercle littéraire (literary-club), remonte à quinze ou seize ans. MM. Edmond Texier, Laurent Jan et Chenavard en furent les fondateurs.

« A cette époque, disait *La Silhouette* en 1847, ce n'était chaque soir que théories transcendantes sur l'art et discussions politiques de très-haute portée. M. Chenavard exposait son éternelle idée de l'inutilité des arts et du travail, idée fixe qui lui a valu le surnom de Décourageateur Ier ; et le bourgeois sans malice (pourquoi sans malice, ô *Silhouette ?*) qui fût entré par hasard au Divan se fût trouvé pris entre la double machine à paradoxes de M. Texier et de M. Laurent Jan, comme dans les engrenages d'une machine à vapeur. »

Hélas ! le Divan a bien perdu de son ancien éclat. Chaque jour laisse des vides que le lendemain ne parvient pas à remplir.

Alfred de Musset avait déserté depuis plusieurs années.

Hetzel a transporté sa cravate blanche à Bruxelles et n'en est pas plus faraud pour cela.

Le domino d'abord, puis les cartes, et enfin — le billard, ont tué la discussion. Le double-six a étouffé la poésie.

Ceci a tué cela !

Théophile Gautier, Léon Gozlan, Méry, Francis Wey, Adolphe Dumas, Louis Lurine, Auguste Vitu, F. Solar, Ferdinand Dugué, Henri Nicolle ont abandonné un à un la rue Lepeletier.

Et le triste Ponsard, qui voyait autrefois MM. Francis Ducuing, Julvécourt et d'Artigues, pleins d'une noble ardeur obéir à sa voix, l'œil morne maintenant et la tête baissée, non loin de l'Odéon va prendre son café !

REGAINS

Tel qu'on nous l'a laissé, le Divan est encore l'un des endroits les plus singuliers de Paris. La tradition semble devoir s'y conserver quelque temps. Il vit beaucoup de ses souvenirs, mais enfin il vit. C'est un vieux soldat qui raconte ses campagnes.

Un soir d'émeute, Gérard de Nerval tournait l'angle de la rue Rossini et se dirigeait vers la demi-tasse accoutumée.

Une sentinelle avait été placée aux environs des bureaux du *National*.

Gérard cheminait, rêveur et mélancolique. Il fut brusquement réveillé par le cri du fantassin :

— Qui vive ?

— Ami.

— Passez au large !

— Comme cet animal-là comprend l'amitié ! murmura Gérard.

***

Un autre jour on causait musique.

Il s'agissait de M. X..., chef d'orchestre d'un théâtre du boulevard dont on débinait les compositions.

— Il a au moins un grand talent d'accompagnateur, insinue un homme bienveillant.

— Accompagner ! la belle affaire ! s'écrie Beauvoir, les gendarmes aussi accompagnent !

***

Le baron de Gyvès essaye les lunettes de Busquet.

— Tiens ! je vois trouble ce soir avec tes lunettes...

— Parbleu ! je suis gris.

***

Z..., membre de plusieurs tragédies savantes et animé de ce courage qui va frapper chez les commissaires de police, avait reçu un soufflet dans la chaleur d'une discussion.

8

— Eh bien ! s'est-on battu ? demanda Banville le lendemain.

— Non. L'affaire est arrangée.

— Et le soufllet?

— Z... le garde pour le mettre à sa boutonnière !

**

C'est encore un habitué du Divan et l'un de ses plus aimables causeurs, M. Lerminier, qui, à l'époque des inondations, demanda si l'on n'ouvrirait pas bientôt des souscriptions pour les gens à sec...

IL EST HUIT HEURES

Les dominos sont rangés en ordre de bataille.

Le baron de Gyvès a défié Busquet. Fages, l'ancien gérant de l'ancien *Mousquetaire,* considère les combattants avec un œil d'envie. Il brûle d'entrer à son tour dans la lice et de se mesurer avec un adversaire digne de lui.

On reçoit une dépêche de M. Félix Mornand. M. Félix Mornand, appelé à d'autres fonctions, donne sa démission de dominotier.

Encore une perte pour le Divan !

Arnould Frémy, le Labourdonnais du double blanc, prononce quelques paroles bien senties sur la déplorable tendance qui restreint chaque jour davantage le nombre des dominotiers.

Busquet se jette dans les bras de Fages et verse un pleur d'attendrissement.

Fages essuie son gilet et demande *si ça tache*.

Le billard est tenu par le marquis de Belloy et le vidame André de Goy.

L'auteur du *Tasse à Sorrente* affectionne le traducteur de Dickens, à cause de la rime.

Bruit dans la coulisse. — Chaises renversées. — Blasphèmes des garçons. — Entrée d'Armand Barthet.

LE MISTRON, MESSIEURS !

A ce cri magique, vingt personnes se lèvent. Vernet franchit d'un bond M. Eugène Forcade. La foule se précipite vers le petit salon de gauche.

On prend place. Les cartes se distribuent.

> Les mistroneurs, les mistroneurs,
> Les mistroneurs sont réunis !

L'origine du mistron se perd dans la nuit des temps.

Le mistron est une variété du trente-et-un qui contribue beaucoup à conduire les poètes à l'hôpital.

Les mistroneurs, placés sous la domination d'Armand Barthet Ier, ont pris possession de l'aile gauche du Divan.

C'est en vain qu'Edmond Texier a tenté de remplacer le mistron constitutionnel par le whist absolu. Julien Lemer a seul répondu à son appel, et les mistroneurs sont restés triomphants.

L'aile gauche du Divan se distinguait, il y a quelques jours encore, par la variété des inscriptions dont les murailles étaient couvertes.

Dans un coin, ce sixain énigmatique :

> Quand Paul Féval
> Est à cheval,
> On voit Banville
> Courir la ville,
> Et Paul Foucher
> Va se coucher.

Plus loin, ce fameux distique :

> L'encrier, la plume et l'épée
> Etaient les armes de Pompée.

Puis l'épitaphe des frères Goncourt :

> Edmond et Jules dort ici,
> Le caveau froid est sa demeure ;
> Tous deux est mort à la même heure,
> Sa plume est enterrée aussi.
> Le trépas est comme une trappe
> Qui s'ouvre et ferme tour à tour.
> Bien vite, hélas ! il nous attrape,
> Quand le cruel sur ses gonds court !

Des couplets, des maximes, des triolets et enfin un cou-

plet de Guichardet qui a fait pousser des cheveux blancs
sur le crâne d'Expilly :

AIR du *Menuet d'Exaudet*.

Expilly
A failli
Vendre un livre.
Il n'a tenu qu'à Lévy,
Que cet auteur inouï
Ait gagné de quoi vivre !

Expilly est un homme très-droit au moral comme au
physique. Il est Marseillais comme la Canebière et il a
conservé de l'accent du pays tout juste ce qu'il en faut
pour lui tenir lieu d'extrait de naissance. Avant de s'en-
rôler dans le grand bataillon littéraire, Expilly a servi
dans les lanciers. Quelquefois encore on le surprend à faire
l'exercice devant une glace. Dégoûté de la vie parisienne,
il est allé tenter la fortune au Brésil, mais la fortune a résisté à la tentation. Expilly publie aujourd'hui des romans
brésiliens qui sont fort curieux et très-goûtés.

On l'accuse d'avoir fait renouveler à ses frais la tapis-
serie du salon de gauche.

Le mistron compte encore parmi ses grands vassaux :

CHARLES EMMANUEL

L'homme qui a révolutionné l'astronomie et éclairé les

planètes d'un jour tout nouveau. La stature d'Emmanuel est à peu près celle d'une longue vue ordinaire. Il a fait mettre une pomme d'ivoire à un crayon, c'est sa canne. Quand Emmanuel se met en voyage, il se déguise en enfant de sept ans et ne paye que demi-place.

EDOUARD BOURDET, avocat.

Le père Gigogne des calembours par à peu près; Bourdet dira, en parlant du journal *L'Akbar*, que c'est à Alger qu'*Isly*; il dira Stockholm pour *cette eau calme*; les grands épileptiques pour *les grands et puis les petits*; il dira encore : Polka m'a-t-elle cachucha, au lieu de *Pourquoi m'a-t-elle caché ça ?* etc., etc.

AIMÉ MILLET

Sculpteur enrhumé, mais brun.

— Mon vieux, passe donc rue de Larochefoucauld, tu verras mon exposition, deux bustes et une *Ariane*.

— Es-tu content !

— Enthousiasmé. J'ai mon coquin de bonhomme qui est vivant. Il vous regarde. L'oreille écoute. Il me fait peur. On lui offrirait un cigare.

— Et l'*Ariane*?

— Tu voudrais l'épouser. Tu verras !

Je suis allé le lendemain rue de Larochefoucauld, ô bien-aimé Millet, et je t'ai trouvé modeste.

Je te demande ton Ariane.

Je lui offre ma fortune et ma main — et je sens que je la rendrai heureuse !

GUICHARDET

Quand vous apercevez, le soir, une lueur rouge qui s'avance, vous pressentez un omnibus et vous faites place. Mais prenez garde que si la lueur est oblongue et violacée, vous devez, au contraire, aller à sa rencontre. Ce que vous preniez pour une lanterne d'omnibus, c'est le nez de Guichardet, le nez du dernier gentilhomme !

Qu'est-ce que Guichardet ?

Un être infini qui ne peut être perçu par nos sens, qui ne peut être décrit par notre plume.

C'était l'ami d'Alfred de Musset, l'ami de Gérard de Nerval. Les gens de lettres l'appellent *mon oncle,* les femmes l'appellent *Oscar !*

Où est Guichardet ?

Guichardet est partout, au ciel, aux enfers, au Divan, à la Brasserie, aux Halles et dans tous les lieux du monde. Guichardet n'écrit pas, mais il raconte, et on écrit pour lui.

Guichardet aurait cent ans qu'il ne serait pas un vieillard.

LE DOCTEUR CASIMIR DAUMAS

N'a pas guéri Philibert Audebrand d'une grave affection...
pour George Bell. Souvent la nature réussit où l'art a été
impuissant !

ADOLPHE GAÏFFE

La bonne humeur, le nonchaloir, l'insouciance, l'insolence de haut goût — faits homme. Il manie l'épée comme
Saint-Georges et dédaigne de se battre. Il n'est pas d'injure qui puisse atteindre la hauteur de ses appartements.

— Par le Cid ! les plumitifs sont une infecte engeance.
Que me veulent ces Philistins, et qu'y a-t-il de commun
entre ce bétail et moi ? Ces habitués de gargotes jalousent
mon savoir-vivre. Ils m'accusent d'être beau ; est-ce ma
faute s'ils sont laids ! Ils disent que je n'ai rien dans le
ventre. Qu'est-ce que ça leur fait ? Ils devraient s'en ap-
plaudir, puisque c'est avec ce qu'on a dans le ventre qu'on
leur fait concurrence. Ils aiment l'eau-de-vie, l'absinthe et
la pipe. Ils adorent la femme du coin avec ses bas de laine.
Moi, j'aime les lumières, les parfums, les épaules blanches,
la soie rose, les souliers bleus. Ce sont des menuisiers, je
suis un rêveur. Ils alignent des phrases qu'ils appellent
nouvelle ou roman. Je préfère la contemplation des chastes
étoiles en une suave mélancolie. C'est là que vaguent dans

les flots lumineusement harmonieux les graves âmes de mes aïeux !

CHRISTOPHE

Le statuaire du rêve, le philosophe du marbre, auteur d'une *Mélancolie* qui aurait étonné Byron.

ALFRED VERNET

Qui vient d'ajouter à ses lauriers par la composition d'une *Nouvelle Phèdre*, dédiée à Delaunay, de la Librairie Nouvelle. Elle se déclame sur l'air : *Un jour, maître Corbeau...*

J'extrais au hasard les passages suivants :

PHÈDRE

Ton discours me paraît bien assis, mais vraiment
Je crains bien qu'il ne manque un peu de fondement.
Ma famille a tiré de mauvais numérosses (1) ;
Mes sœurs, ma mère et moi nous aimons des z'hérosses.
Hippolyte est rageur ; comment se pourrait-il
Qu'un militaire pût redevenir civil ?

(Scène Iʳᵉ).

PHÈDRE

Du labyrinthe, hélas ! mon utile secours,
Si je t'avais trouvé, t'aurait dit les détours.

(1) Licence poétique motivée par les exigences de la rime féminime.

Il faudrait, vois-tu bien, déshonorer la couche
Du héros dont la mort vient de fermer la bouche.
O dieux ! que n'ai-je pu, dans mon amour subtil,
Te prêter autrefois un peloton de fil ?

HIPPOLYTE

Madame, finissez, vous perdez la mémoire,
Et je n'ai pas le temps d'écouter votre histoire.
Pourquoi venir ici me parler de coton ?
Ah ! vos feux seraient-ils des feux de peloton ?

(Scène VII.)

PHÈDRE

Mon époux est vivant, on l'a vu sur le Pont.

(Acte II. — Scène IV.)

THÉSÉE

Sors, tu n'as, en ces lieux, que par trop outragé
Un père juste et bon, vaillant, — en outre âgé.

PHÈDRE

Je respire à la fois l'inceste et l'imposture.

OENONE

Il fait bon respirer l'air pur de la nature.

PHÈDRE

Ah ! croyez-moi, filons tous les deux vers Argo.
Nous y vivrons heureux en y parlant l'argo.

(Acte IV.)

THÉSÉE

Que faire ? que penser ? Mais voici Théramène
Qu'en ces lieux Jupiter en sa bonté ramène.

THÉRAMÈNE

De votre fils, seigneur, voici la triste fin.
Il est mort, dévoré par un monstre marin.

THÉSÉE

Le poisson de mes yeux fait tomber les écailles,
Et mon épouse, hélas ! était une canaille !

. . . .

PHÈDRE

Seigneur, j'ai fait couler dans mes brûlantes veines
Un poison que Médée a porté dans Athènes.
Mon sein est devenu, depuis que je l'ai pris,
Tantôt rouge de blanc, et tantôt vert — de gris !

(*Acte V.*)

Je m'arrête dans la crainte de déflorer cette œuvre remarquable. Ah ! si Vernet ne jouait pas au mistron, nous
en verrions bien d'autres !

EUGÈNE PIOT

A qui est dédié le *Voyage en Espagne* de Th. Gautier,
absolument comme *Le Roman de la Momie* est dédié à Er-

nest Feydeau. Eugène Piot possède, dit-on, plus de tableaux de maîtres que les maîtres n'en ont fait. Quand on lui demande l'explication de cette anomalie, il répond qu'il y a des lacunes dans l'histoire.

Le grand Paulet, le séduisant Dondey-Dupré, ex-officier de marine (à Saint-Ouen) ; Charles Asselineau, un fouilleur de bibliothèques ; Edmond Bourgogne, secrétaire du général Daumas, Alexandre Weill, Charles Baudelaire, Clément Caraguel et un grand nombre de *gens d'esprit et de cœur* complètent le panaroma du Divan.

Un seul être y reste anonyme et incompréhensible. Il déclame chaque soir quelques passages d'un drame inédit dont il est l'auteur :

UN INCESTE A CHANDERNAGOR

pièce morale et dramatique.

Cet étranger, qui est quelquefois pochard, fait le bonheur du garçon.

Guichardet l'accuse de chercher *l'oubli* dans les alcools.

. . . .

. . . .

A minuit et demi, chacun se retire et va rêver brelan d'as et double six.

C'est ainsi que s'écoulent les soirées de la plupart des gens de lettres. A peine une solennité théâtrale parvient-elle à faire sortir quelqu'un d'entre eux de sa coquille.

Il y a loin de cette vie à celle que l'on rêvait au sortir du collége.

Lucien de Rubempré ne passe plus ses soirées chez Coralie, et on a perdu le souvenir des petits soupers de Camusot.

LE JOURNAL PARIS

LE JOURNAL PARIS

—

ES fruits secs de la littérature qui, s'adonnant à la compilation, chercheront un jour, dans les collections de journaux, l'histoire intime du XIXe siècle, se trouveront singulièrement hébétés en face de cette multitude de gazettes que nous envoyons chaque jour à la postérité — ou ailleurs.

Quand on a gâché sa jeunesse et qu'on n'est propre à aucune profession ;

Quand on n'est ni notaire, ni pharmacien, ni libraire, ni marchand·d'allumettes ;

Quand on n'a pas les grâces qu'il faut pour devenir mari d'une corsetière ou gendre d'une débitante de tabac;

On fonde un journal.

Parmi les naufragés de la vie parisienne, quel est celui qui n'a pas eu l'idée d'un canard littéraire ou industriel? Une idée étrange, mystérieuse, une idée à millions!

Cet individu qui promène au boulevard un chapeau feuille-morte et un pantalon frangé par le bas, soyez sûr qu'il a l'idée d'un journal.

Il prend place sur le seuil d'un café, et quand le garçon s'approche et lui demande :

— Que faut-il servir à monsieur?

Il répond :

— Tout à l'heure.

Ce *tout à l'heure* signifie algébriquement : $=$ — 50 centimes!

Il médite.

Son journal sera-t-il orgueilleusement quotidien ou modestement hebdomadaire?

S'appellera-t-il *La Cloche* ou *Le Silence?*

Aura-t-il autant de rédacteurs qu'Alex. Dumas seul? En aura-t-il plus? En aura-t-il moins?

Il achète par la pensée l'hôtel Millaud et le château de la Folie-Dollingen...

Puis, il se lève pour continuer sa course aux capitalistes.

Un journal littéraire est rarement une bonne affaire.

Mais on peut appliquer au journalisme le refrain de
M. Vautour :

> Quand on n'a pas de quoi payer son terme,
> Il faut avoir une maison à soi.

Quand on n'a pas assez de talent pour écrire dans les
journaux des autres, on est bien obligé de se faire directeur de journal. On s'improvise rédacteur en chef, on se
donne des airs de ministre, et on foudroie du haut de son
premier-Paris le *bourgeois stupide*, qui a cependant le bon
esprit de ne pas s'abonner.

ENTRE PARENTHÈSES

C'est vraiment une chose singulière que cet instinct ou
ce bon sens du public qui met autant d'acharnement à
repousser toute publication dont le but est de servir une
vanité particulière, qu'il met de bienveillance à accueillir
et à faire vivre le journal fait à son point de vue et par des
gens qui prennent leur tâche au sérieux.

Le journal *Paris* (*lundi*, *mardi*, *mercredi*, etc.), curieux à plus d'un titre, comme on le verra tout à l'heure,
est la première feuille purement littéraire qui ait paru
quotidiennement en France. *Le Mousquetaire* a été la
seconde.

On se rappelle peut-être, pour les avoir vues sur une

table de café, ces quatre pages, dont la troisième était aux trois quarts envahie par une vignette qui changeait chaque jour ; la seconde occupée par une lithographie de Gavarni. et la quatrième par des annonces de tout genre. Cette quatrième page était d'une effronterie sans égale. Jamais les pharmaciens et les bandagistes n'avaient poussé l'impudeur aussi loin. Il est vrai que leurs annonces commençaient presque invariablement par ces mots :

AVIS AUX GENS DU MONDE

L'histoire de la fondation du *Paris*, de sa vie (s'il a vécu), et enfin de son décès, est un tissu de splendeurs et de misères, de rires et de tristesses.

Il ne m'est permis aujourd'hui que d'effleurer toutes ces choses si récentes qu'elles sont tièdes encore. Ces blessures d'hier ne sont pas cicatrisées et les amours-propres demandent grâce.

L'ÉCLAIR

Revue hebdomadaire de la littérature, des théâtres et des arts, a été le coup d'essai de M. le comte de Villedeuil. Ce coup d'essai, il faut bien l'avouer, ne fut pas un coup de maître. C'est en vain que les murailles de Paris furent couvertes de grandes affiches jaunes qui promettaient monts et merveilles, c'est en vain que les omnibus promenèrent de droite et de gauche une annonce des plus affriolantes, nul ne mordit à l'hameçon.

Tout le monde a traversé de ces journées de deveine où rien ne réussit. On a mal dormi. On est réveillé par un créancier. On s'accroche à toutes les portes. On se heurte contre les angles de la cheminée ; et, si l'on parvient enfin à sortir (après être tombé dans l'escalier), on est abordé, au premier coin de rue, par un ami de collége.

Cette mauvaise chance fut portée, par extraordinaire et en faveur du comte de Villedeuil seulement, jusqu'à des proportions homériques.

Son journal n'avait pas d'abonnés. Peu lui importait, après tout. Il était riche. — Mais il ne trouva même pas de rédacteurs !

Les bureaux du journal étaient situés rue d'Aumale, et chaque jour, le directeur, fidèle à son programme, arpentait mélancoliquement, de dix à quatre heures de l'aprèsmidi, ses appartements déserts.

Il avait fait un appel aux *jeunes*, et il les attendait ! assisté seulement d'Edmond et Jules de Goncourt qui écrivaient alors leurs premières lignes.

Tous trois allaient tristement de leur fauteuil à la fenêtre et de la fenêtre à leur fauteuil.

Le soleil flamboyait ; la rue d'Aumale verdoyait, — mais sœur Anne ne voyait rien venir.

Pas de copie !

Quoi ! cent mille poètes restaient inédits, obligés de dire leurs vers à leur portier, et rien ne venait les avertir qu'on les attendait là-bas !

Où étiez-vous, Reiffemberg? et que faisait-on à la Brasserie ?

Ah ! si quelqu'un d'entre les buveurs de choppes fût entré dans cette nécropole littéraire, on l'aurait couvert de baisers, d'or et de cigares!...

Brocard seul, Emmanuel Brocard, qui commande une frégate du roi maure Aliatar, Brocard de Meuvy fils, — pour tout dire en plusieurs mots, a su flairer une insertion. Il arrive, lui, le brave ! Il sut plaire, et ses vers parurent. J'ignore s'ils parurent bons, — mais ils parurent.

LE COMTE DE VILLEDEUIL

avait vingt-deux ans à peine' quand il se décerna à lui-même le titre de rédacteur en chef. On le disait à la tête de cinquante à quatre-vingt mille livres de rentes, — et avec un oncle sur la planche.

On est vraiment pris de compassion en songeant à cette existence dévoyée, à cette ambition si brutalement refoulée ! Singulière nature, assez vaste pour tout entrevoir et trop faible pour rien conquérir! — Il était né gentilhomme, petit-fils d'un ministre de quelques heures; la fortune avait été prodigue envers lui, et après quelques folies de mauvais goût, après des spéculations malheureuses et des procès scandaleux, il ne lui reste plus, dit-on, de sa splendeur passée, qu'un tombeau de famille au Père-Lachaise, un superbe tombeau, propriété inaliénable, hélas !

C'est presque le supplice de Tantale. L'homme est allé d'usurier en usurier, il a vendu un à un ses bois et ses châteaux, il ne lui reste plus rien, et on conserve encore un palais pour son cadavre.

Bien que Villedeuil n'eût que vingt-deux ans quand je le vis pour la première fois, il en paraissait au moins trente. Sa longue barbe noire, son regard lent et dédaigneux, ses allures nonchalamment aristocratiques en faisaient un personnage presque imposant au premier abord. Mais on s'apercevait bien vite qu'il était moins à son aise que ses visiteurs, et quand il avait dit quelques mots, on ne voyait plus en lui qu'un enfant.

Villedeuil avait rêvé de dominer Paris. Il voulait toucher à tout. Actionnaire du Théâtre-Lyrique pour une somme assez forte, il ambitionnait la direction de l'Opéra. Il voulait acheter *Le Journal des Débats*. Il fallait qu'on s'occupât de lui. A tout prix, du bruit, du bruit !

Enfant corrompu de ce siècle malsain, Villedeuil n'était dénué ni d'intelligence, ni de talent ; la vanité aveugle tua l'un et l'autre. Le besoin de produire son nom, de le mettre en avant, lui faisait signer tout ce qui lui passait par la tête, et même ce qui passait par la tête d'autrui, puisqu'un professeur du collége de Nantes, M. Talbot, le faisait condamner comme plagiaire.

Or, lisez la couverture de ce livre copié, vous y trouverez ces lignes si naïvement orgueilleuses :

« ...... nouvel ouvrage de M. le comte de Villedeuil, cet homme du monde que l'on prendrait pour un béné dictin. »

Ce prodige, ce puits de science, et, en même temps, cet homme à la mode, ce nabab, ce Louis XIV !

Il avait un cabinet tout tendu de noir avec des lames argentées, une calèche orange, un équipage bizarre; partout et toujours un luxe criard et d'un goût détestable.

Son but a toujours été d'*étonner*. Il n'a guère réussi qu'à faire hausser les épaules.

MM. Alphonse Karr et de Goncourt ayant été poursuivis pour je ne sais quel délit de presse, Villedeuil les accompagna au Palais de Justice. Comme l'huissier de service réclamait son assignation pour le laisser pénétrer dans l'enceinte réservée de la salle, Villedeuil répondit avec dépit :

— Je ne suis pas assigné, mais je suis bien plus coupable que ces messieurs : je suis le directeur du journal.

Il n'était pas assigné, quelle injustice ! Jamais on ne vit un homme si désolé de n'être pas poursuivi...

Les bureaux du *Paris* étaient situés à la Maison-d'Or. Où peut-on être mieux qu'au sein de sa famille ?

Les rédacteurs du journal allaient de la Maison-d'Or à Auteuil, où le directeur avait loué une maison de campagne. C'est là que se donnaient les dîners d'amis pendant la belle saison.

Le dessert trouvait presque toujours les convives très-émus. On se faisait de grandes protestations, de grandes politesses, et Roger de Beauvoir, toujours charmant et ne voulant pas rester en arrière, invitait à dîner pour des mercredis fantastiques.

Après quoi, les invités vaguaient dans un jardin naissant où se trouvait, en fait d'arbres, une table de marbre.

Le principal rédacteur du *Paris*, le seul qui ait appelé l'attention sur cette gazette, c'est, sans contredit,

GAVARNI

La lithographie de Gavarni seule grevait de cent francs par jour la caisse du journal. C'était, du reste, la seule chose qui ne fût pas payée trop cher.

ISIDORE VENET

actuellement feuilletoniste vertueux à *L'Univers,* portait au *Paris* le titre pompeux de « SECRÉTAIRE DE LA RÉDACTION. » C'est à M. Venet que la postérité sera redevable des

Mémoires de madame Saqui publiés par *L'Eclair*. M. Venet possédait, d'autre part, un petit répertoire d'anecdotes de haut goût qui ont peut-être été pour lui un *moyen de parvenir*.

ALPHONSE KARR

a repris pendant un an au journal *Paris* la publication des *Guêpes*, mais de bonnes petites guêpes, pas méchantes du tout et qui n'ont fait de mal à personne.

EDMOND ET JULES DE GONCOURT

Le talent singulier de ces deux frères, aussi inséparables que les Siamois, est apprécié de façons si diverses par nos critiques intègres, que le public doit se trouver bien empêché de se former une opinion sur leur compte. Heureusement que leurs livres sont là. La manière contournée, le style surchargé de ces écrivains arrive quelquefois à des effets surprenants. C'est un mélange d'élégance et d'afféterie, de simplicité et de déclamation. Chose étrange du reste, que cette fusion complète de deux êtres qui ne forment qu'une individualité. La discrétion de l'amitié m'a toujours empêché de leur demander le secret de cette collaboration. Ils sont deux qui travaillent également, et il est impossible de savoir où l'un finit, où l'autre commence.

HENRI MURGER

À cette époque, Murger, fatigué depuis longtemps d'une existence calme et sans secousses, résolut de rompre cette monotonie et de faire un éclat.

— Ah! on veut du scandale, s'écria-t-il, eh bien! on aura du scandale, et puisqu'il faut éreinter les gens pour faire parler de soi, je les éreinterai.

Murger choisit pour première victime une comédienne sur le retour qui jouit encore d'une certaine vogue. Il la désigna aussi clairement que possible. Il risqua même l'initiale, et, faisant une allusion folâtre au parfum qu'exhalaient (et qu'exhalent encore) les lèvres de la dame, il la surnomma le *Choléra des mouches*.

Le bruit s'étant répandu un soir que Mlle Louise X... était partie pour l'étranger dans la chaise de poste d'un noble insulaire, Murger demanda quel pouvait être le Pâris de cette *Haleine*.

Tout ce qu'on peut inventer d'incisif, de blessant, de cruel, Murger eut l'audace de l'imprimer sur le compte de Louise X...

Chaque matin, il s'étonnait de se retrouver avec ses deux yeux.

Un jour, enfin, il se trouva face à face avec sa victime. C'était au coin de la rue Laffite.

Il détournait la tête et s'empressait de faire volte-face,

quand la dame, lui tendant une main amie, lui dit avec son plus gracieux sourire :

— Hé ! que devenez-vous donc ? on ne vous voit plus.

— Décidément, pensa Murger, le journal n'est pas lu !

THÉODORE DE BANVILLE

Les *Odelettes* ont paru pour la première fois dans le journal *Paris*. En publiant le volume, le poète a supprimé ses dédicaces à M. le comte de Villedeuil, à Eugène Woestyn, à Isidore Venet, à Raoul Le Barbier et à Etienne Eggis.

ANDRÉ DE GOY

Chargé du *Courrier de Londres* qu'il savait rendre attrayant à force d'anecdotes, André de Goy, surnommé l'abbé Faria, est en proie à une folie douce qui rendrait des points à l'ecclésiastique du château d'If. Dé Goy ne parle que par millions. Il n'oserait jamais s'aventurer dans un omnibus avec deux cents francs seulement dans sa poche, — de peur que le prix des places n'ait été augmenté.

Je l'ai rencontré hier au soir devant Tortoni, et voici, mot pour mot, notre conversation :

— Tu as l'air mélancolique, ce soir, chevalier ?

— Pas de chance! Siraudin vient de me gagner 60,000 fr. à l'écarté.

— Tiens! je l'ai vu tout à l'heure, il m'a dit *quarante sous.*

— Il est si blagueur!

RAOUL LE BARBIER

Se disant propriétaire-gérant du journal. Cheville ouvrière de l'établissement. Fort honnête homme, responsable des fredaines de toute la troupe. Fichu métier.

Roger de Beauvoir, Henry de La Madelène, Adolphe Gaïffe, et plus tard Charles Monselet, Angelo de Sorr et Edouard Martin composèrent la rédaction du *Paris.*

Monselet a caché là quelques-uns de ses plus charmants articles.

Le journal *Paris* n'a jamais eu qu'une *affaire,* et encore les rédacteurs, engourdis dans les délices de Capoue, ne se sont pas précisément montrés batailleurs.

Il avait été publié un article à propos de mademoiselle

BÉNITA ANGUINET

la prestidigitatrice, — article qui contenait sans doute une phrase un peu vive.

Le jour même, un monsieur se présente dans les bureaux.

— M. le directeur du journal ?

Arrive Le Barbier, gérant *responsable.*

— Monsieur, je suis le frère de mademoiselle Bénita Anguinet.

— Fort bien, monsieur.

— Je viens demander raison d'un article...

— Permettez, monsieur, cela ne me regarde nullement. Veuillez entrer dans le cabinet du secrétaire de la rédaction...

Le Barbier pousse le monsieur dans le cabinet d'Isidore Venet.

— Monsieur, je suis le frère de mademoiselle Bénita Anguinet.

— Belle personne! monsieur, beaucoup de talent.

— Mais, monsieur, je viens chercher une réparation...

— Une réparation! adressez-vous au rédacteur en chef, s'il vous plaît. Donnez-vous la peine de passer chez M. le comte...

Isidore Venet introduit le monsieur dans le cabinet de Villedeuil, et referme la porte derrière lui.

— Monsieur, je suis le frère, etc... etc...

— Monsieur, c'est à l'auteur de l'article que vous devez vous en prendre. Je vais vous l'envoyer.

Sortie de Villedeuil.

Ce fut alors une procession de gens qui passaient un à un dans le cabinet — sous prétexte de s'expliquer.

Je ne sais plus trop comment la chose s'arrangea. Je sais

seulement qu'elle s'arrangea pacifiquement, ce dont Venet témoigna sa satisfaction — la seule de la journée.

Le journal *Paris* fut supprimé par jugement correctionnel après une année d'existence.

Il était temps de le supprimer, car il allait mourir de sa belle mort, avec 700 abonnés.

Les deux journaux qu'il a fondés n'ont guère coûté à M. le comte de Villedeuil que cent cinquante mille francs, — le seul argent, a-t-il dit, qu'il ne regrettât pas.

LE MOUSQUETAIRE

LE MOUSQUETAIRE

JOURNAL D'ALEXANDRE DUMAS

En ce temps-là, Alexandre Dumas père n'était pas encore Alexandre Dumas seul. Comment et pourquoi l'idée lui vint d'avoir un journal à lui, c'est ce que nous ne pouvons expliquer qu'à moitié. Le désir d'être désagréable à Jules Janin ne pouvait être le seul mobile du grand homme. La satisfaction d'assouvir de vieilles rancunes, le besoin de se rajeunir par une publicité militante, l'espoir de peser sur les directeurs de théâtre dont l'enthousiasme à son endroit lui paraissait très-refroidi, telles sont, croyons-nous, les premières raisons qui se présentèrent à l'esprit du gigantesque Dumas. Hâtons-nous d'ajouter qu'il espérait aussi et surtout — gagner beaucoup d'argent avec un journal qui devait chaque jour le servir tout nu au public. — Mon Dieu, oui, tout nu et sans cresson. ·

Le nombre des combinaisons qu'on essaya, avant de faire paraître le premier numéro du *Mousquetaire*, est incalculable. Il n'a d'égal que le nombre des tentatives qui plus tard furent faites pour le vendre. Un jour, c'était l'éditeur Jaccottet, une autre fois le libraire Cadot, puis Boulé, puis Delavier qui avaient fait des offres. Pas un banquier, pas un libraire, pas un homme susceptible d'acheter un journal pour son utilité personnelle ou pour ses menus plaisirs, qui n'ait été nommé dans les bureaux affamés du *Mousquetaire*, — pas un, depuis Millaud jusqu'à Privat d'Anglemont, depuis Mirès et Solar jusqu'à Guichardet.

LA MAISON D'OR .

eut la gloire d'enfermer dans son sein, c'est-à-dire dans sa cour, la *lamazerie* du père Dumas. Les bureaux du *Mousquetaire* se composaient d'une antichambre, d'un corridor et d'une cuisine. L'antichambre avait vue sur la cour ; le corridor était éclairé par l'antichambre, et la cuisine par le corridor.

Le personnel était nombreux. Alexandre Dumas traîne

à sa suite une multitude de gens qui, plutôt que de l'abandonner, sont prêts à mourir à ses côtés — pourvu que ce soit de faim.

Cette manière passive de donner sa vie est assez conforme aux mœurs de notre époque. On ne se fait plus tuer pour les gens, mais on meurt encore à leur service...

L'ordonnateur de là copie avait nom Mages, — on n'a jamais pu connaître son prénom. Mages était sans contredit le plus honnête homme de la maison. Il avait été avocat, mais dégoûté d'une carrière exercée par Théodore Bac, il s'était laissé séduire par les pompes du théâtre, et — comme dit Arsène Houssaye — il avait chaussé le cothurne.

Il faut croire que Mages avait des cors, car le cothurne lui parut bientôt trop étroit. Il jeta aux orties la cape de Don César et la couche de réglisse d'Othello ; et en attendant une position plus sociale, il faisait le journal du père Dumas, — ce qui prouve que Mages n'était pas né sous une bonne étoile.

Singulier homme que cet

ALEXANDRE DUMAS !

Je me suis demandé souvent s'il méritait le dernier supplice ou la couronne de lauriers. En somme, le supplice serait peut-être sévère ; mais si nous le couronnons jamais de lauriers, que ce soit au même titre que le jambon.

Pour apprécier Dumas à sa juste valeur, il faut le décomposer chimiquement.

On fera deux parts des éléments qui le composent, et chacune de ces deux parts donnera un homme différent.

LE PREMIER DUMAS

ou Dumas-nature, est un grand nègre à la lèvre lippue, aimant tout ce qui brille et reluit, prenant la verroterie pour le diamant, le bruit pour la gloire.

Inférieur à la race blanche, exploiteur du travail d'autrui, en proie aux instincts de la Guinée, sincère comme un arracheur de dents, retors en affaires, égoïste, cupide, s'attribuant impudemment les idées des autres, tel est le nègre Dumas.

LE DEUXIÈME DUMAS

ou Dumas aux champignons, est un produit artificiel. C'est un homme charmant, bon, dévoué, ému jusqu'aux larmes des misères qu'il rencontre, travailleur infatigable, d'un esprit facile et entraînant; mais de ces qualités et de ces vertus, il n'a que le reflet. C'est le plus ingénieux des singes; il a remarqué ce qui *faisait bien* chez les grands hommes; il tâche de l'imiter, — et il y réussit. Mais, en somme, le Dumas aux champignons est à la grandeur d'âme ce qu'un frère Lionnet est à Frédérick Lemaître.

Ce fut une singulière parade que celle des premiers numéros du *Mousquetaire*. Paillasse promettait bien des choses, mais il n'a tenu aucune de ses promesses, pas même celle qu'il se faisait à lui-même, et qui était d'avoir des abonnés nombreux. Quel vacarme! quel charivari! comme il allait tout enfoncer! — et aussi comme il n'a rien enfoncé du tout, — si ce n'est ses lecteurs.

Quoi de plus curieux que ces interminables causeries qui commençaient invariablement le journal?

« Chers lecteurs,

Respirons, s'il vous plaît,

Ah!

Y êtes-vous?

Oui?

Et moi aussi.

Je vous ai promis de vous tenir au courant de tout ce que je ferais.

Je vais m'exécuter.

Voyons...

Qu'ai-je fait hier?

Ah! je suis allé porter des secours à deux orphelins.

L'un, un garçon charmant que je vous recommande, m'a entouré de ses deux petits bras et m'a dit :

Merci!

L'autre m'a serré la main.

Eh bien!

Vous me croirez si vous voulez, j'ai pleuré....

Oui, pleuré !

Cela vous étonne ?

Ah ! un enfant sans sa mère, c'est comme une mère sans son enfant.

C'est la douleur, c'est l'abandon.

Songez-vous quelquefois à votre mère, chers lecteurs ? etc..., etc.... »

Le reste n'était pas moins intéressant.

Ce genre de littérature s'appelle du galidumas.

Ce qui étonne et fait rêver, c'est que Dumas aux champignons ait trouvé quelques fanatiques disposés à se repaître de semblables lectures.

C'est en vain qu'on a imprimé des milliers de fois :

Dumas seul est un mythe, parce que Dumas n'est jamais seul.

Si Dumas était seul, il ne serait pas.

Dumas a eu soixante-quatorze collaborateurs connus. Soyez convaincu qu'il est marié en soixante-quinzièmes noces.

Son nom sur un livre remplace la vieille formule : par une société de gens de lettres.

Non-seulement Eugène Sue et Frédéric Soulié, mais encore tous ceux qui n'ont signé que leurs propres écrits, lui sont supérieurs...

Cela n'a rien fait. Il y a une couche de la société qui croira éternellement au Prussien Royomir, au serpent de la rue Lacépède, et à Alexandre Dumas !

Le Mousquetaire a vu passer bien des rédacteurs...

Mais ils voulaient de l'or, c'est ce qui l'a tué !

Il est bon d'apprendre au public que c'est une usage généralement établi de recevoir une somme d'argent en échange de son travail. Ainsi le présent article est arrangé de façon à me valoir 75 francs payables sur copie à la caisse du *Figaro*. C'est du reste, le seul argent qui me serait venu du *Mousquetaire*.

A 75 francs l'article, en admettant qu'on en fasse huit par mois, vous voyez qu'on peut vivre, si l'on a de la fortune avec cela.

Le Mousquetaire PROMETTAIT un payement sérieux à ses rédacteurs ; mais, — comme Péponnet, — *il ne passait pas de papier*. Il n'y avait rien d'écrit ; de façon que, — au bout de six mois, — les rédacteurs n'ayant jamais touché un sou, ou du moins n'en ayant touché qu'un, s'en allaient comme ils étaient venus, mangeant leurs fonds avec leurs revenus. Et, chose étrange, incroyable, abracadabrante, *Le Mousquetaire* avait

UN CAISSIER

Ce caissier se nommait Hirschler. Il appartenait à la race qui ne mange pas de porc pour éviter la lèpre, — quand il n'y aurait qu'à se laver pour obtenir le même résultat. Heureux caissier que cet Hirschler! comme il était calme et sans soucis! les bras croisés du matin au soir! Bonne place!

Et ce journal se faisait à la Maison-d'Or... O ironie!

Michel, le fidèle serviteur du père Dumas, s'était installé dans la cuisine. Il s'était arrangé un lit avec des numéros invendus du journal. C'est là que ce bon domestique fumait chaque jour un nombre de pipes indéterminé. Il avait donné l'ordre d'introduire auprès de lui les actrices qui se présenteraient pour des réclamations.

RUSCONI

Fondé de pouvoirs et agent d'affaires du père Dumas, était remarquable par sa tenue. Il avait pour spécialité de s'interposer entre le caissier et les rentrées. C'est Rusconi qui s'écria un jour en plein bureau :

— Il faudrait si peu de chose pour que le journal eût du succès... Si seulement tous les créanciers de monsieur venaient s'abonner!

Les premiers rédacteurs du *Mousquetaire* furent : Philibert Audebrand, Alfred Asseline, docteur Casimir Daumas, Georges Bell, B.-H. Révoil, frère de madame Louise Colet, Edmond Viellot, Henry de La Madelène, Gaston de Saint-Valry, Henri Conscience, le capitaine Mayne Reed, et un garçon du plus grand avenir, nommé Aurélien Scholl.

D

Le jour où, faute de recevoir les subsides convenus, la rédaction en masse envoya sa démission, Dumas-nature, non content de ne pas avoir payé les gens qui lui avaient fait son journal pendant un an, les insulta le lendemain dans sa causerie avec son lecteur.

C'est que le père Dumas a la prétention d'être aimé!

Être logé, nourri et blanchi, il n'y tient que médiocrement; mais admiré, encensé, hypercomplimenté — voilà son affaire!

Mon Dieu, donnez-lui l'adulation quotidienne !

En fait, il y a autour du Grand-Lama bon nombre de fanatiques. Il est si aimable quand il veut! Il vous *empoigne* à première vue. Puis, on est *l'ami de Dumas*, il vous tutoie. Il assure qu'il n'a rien de caché pour vous, que vous êtes son meilleur ami... On ente son petit amour-propre sur cette immense vanité, et le père Dumas vous autorise à porter dans la rue un des rayons de son auréole.

En somme, il y a peut-être un troisième Dumas, un Dumas aux pommes. Celui-là est le dramaturge par excellence, le romancier le plus entraînant... Il a une délicatesse d'invention, une habileté d'arrangement, un art dans le métier — qui sont presque du génie... Mais, avec ce diable d'homme, il est fort difficile d'arrêter son opinion. On peut dire sur son compte tout le bien et tout le mal possibles... Tout serait vrai !

DOUZE MILLE AMES

DOUZE MILLE AMES

U temps des diligences jaunes,
Quand les voyageurs harassés ·
Avançaient leurs têtes de faunes
À travers les carreaux cassés,
Ils apercevaient au passage
Des bonshommes tout étonnés ,
Qui, pour voir des gens en voyage,
Sur leur porte allongeaient le nez...

Et en les voyant ainsi derrière les fenêtres, ou assis sur
le seuil des maisons, ou arrêtés dans la rue pour se répé-
ter ce qu'ils s'étaient dit la veille, on se demandait quelle
pouvait être la vie de ces gens à l'horizon borné qui ne

comprennent le soleil et le ciel bleu que relativement à la
récolte prochaine !

Il n'est personne qui, pour une raison ou pour une
autre, ne soit allé passer quelques jours dans

UNE PETITE VILLE

J'en ai vu plusieurs pour ma part, une entre autres, une
surtout dont le souvenir m'inspire encore une hilarité mêlée de terreur. J'y retrouvai un ami du temps passé, du
temps où nous avions seize ans à nous deux. Il était alors
blond et pétulant, gentil comme une petite fille... Quand
je le revis, c'était un *móssieu* pétri de suffisance, lourd,
commun, bête et ignare. Il tenait les bras éloignés du
corps, posait son chapeau sur le derrière du crâne et mar-
chait en se dandinant. Des favoris énormes exagéraient
l'ampleur paysanesque de sa grosse figure. Il riait fort et en
se tordant. Ses oreilles rouges et démesurées se déployaient
comme si sa tête allait s'envoler... Eh bien ! je vous le
jure en conscience, dans ce pays-là — il était beau !

C'est à cet être qu'échut l'honneur de me promener.

Il me montra l'*église,* le *port,* il me fit voir l'*étalage,*
m'indiqua le *pâtissier,* et me présenta à un bourgeois qui
avait un tableau.

M. LE MAIRE

nous donna à dîner. Soupe aux choux, poulet sauté, poulet à la broche, poulet à la sauce blanche, — et des fruits à discrétion.

On causa de la fortune de mademoiselle Machin. M. le Maire nous fit entendre, en clignant de l'œil, que le père Bourchot était un *vieux malin* et qu'il *avait de quoi;* il ajouta que M. Michelard était un homme *conséquent,* et M. Ducresson un homme *bien capable.*

Pour ces gens épais, à intelligence nulle, à petites passions, à intérêts étroits, la valeur de chaque individu se mesurait à ses arpents de terre.

Mon *ami* me poussa du coude, dans la *grand'rue,* en me désignant d'un air malin une petite dame qui passait.

— C'est, me dit-il, la femme de l'ancien médecin d'ici. On ne la reçoit nulle part... Elle a eu une *mauvaise vie.* Et il m'apprit que, mariée fort jeune à un homme dont l'âge ne pouvait faire oublier la laideur, elle avait eu un *sentiment* pour un damoiseau du voisinage.

Elle avait lutté contre son cœur et lui avait écrit. Elle lui avait écrit : « Je ne serai jamais à vous, parce que je crois en Dieu, et que je veux dormir en paix, dans notre petit cimetière, à côté de ma mère, qui a toujours été vertueuse. Je ne serai jamais à vous, et cependant je vous aime... »

En effet, elle résista. Mais le lâche montra sa lettre qui fit le tour de la ville. Et cette épouse martyre, cette héroïne fut persifflée et moquée par ce bétail humain pour qui le sacrifice est chose fermée. Les dames de la ville se croyaient vertueuses parce qu'elles n'avaient jamais aimé, — pas même leurs maris.

Pauvre femme ! toujours seule, pâlie et dévorée par une souffrance sans confident ! je la vois encore les yeux baissés et le front penché, expiant son renoncement sublime, et personne, sur son passage, ne lui faisait l'aumône d'un salut.

Les brutes qui la coudoyaient se regardaient d'un air goguenard.

Quelques instans après, nous nous croisâmes, mon *ami* et moi, avec un homme, jeune encore, qui cheminait mélancoliquement, et dont la physionomie me frappa.

— Quel est ce monsieur? demandai-je.

Mon compagnon fit une moue dédaigneuse.

— Ça? c'est le journaliste.

LE JOURNALISTE

Malheureux ! il était seul de son espèce dans toute la ville. Personne qui pût lui donner une idée en échange des siennes ! Comment et à la suite de quelles infortunes était-il venu s'échouer dans ce trou, — peuplé de douze mille âmes d'après la carte départementale, mais tout au plus de douze mille corps, d'après la plus simple raison?

Quand l'homme de lettres s'est vainement épuisé en

efforts pour arracher à l'indifférence du public quelque
lambeau de célébrité, il arrive souvent qu'il se condamne
à un exil volontaire, et va, pendant quelques années, ré-
diger le canard politique de quelque ville de province.

La première condition de succès pour un journal de
petite ville, c'est de n'avoir pas pour rédacteur un écrivain du crû. Nul n'est prophète dans son pays, et c'est en
province surtout que le journaliste doit être immaculé. Le
café lui est interdit, et s'il a derrière lui quelque aventure
galante, il est condamné au mépris du sous-préfet.

Il y avait autrefois à Paris une pépinière de journalistes
qu'on appelait

LE BUREAU DE L'ESPRIT PUBLIC

C'est de là que sont partis, pendant une période de
quinze années, tous les journalistes ministériels des départements. La plupart ont fait leur chemin. Les uns ont
été nommés sous-préfets, d'autres préfets. Quelques-uns
ont siégé à la Chambre des députés... Ceux qui sont assez
heureux pour contracter un riche mariage dans leur ville
d'adoption, renoncent, pour la plupart, aux belles-lettres.
C'est bien là, du reste, le parti le plus sage qu'on puisse
prendre, aujourd'hui que la littérature ne peut être consi-
dérée, par les gens dont l'ambition est sérieuse, que comme
un moyen d'arriver à autre chose...

Le lendemain, j'étais attablé avec le *journaliste*, et voici ce qu'il me raconta :

Mon premier journal a été *L'Indépendant* de M... Il faut vous dire que *L'Indépendant* justifiait assez peu son titre, puisqu'il avait été vendu à la préfecture. A mon arrivée dans la ville, j'allai rendre visite aux autorités qui me reçurent avec une gravité que je tâchai d'imiter de mon mieux.

J'annonçai dans mon premier-M... que *L'Indépendant* allait entrer dans une voie toute différente de celle qu'il avait suivie jusqu'alors. J'augmentai le format, je promis des caractères neufs et une multitude d'améliorations successives. Le journal, qui avait été rempli maladroitement jusqu'alors d'articles d'emprunt, prit bientôt une certaine tournure ; et, après trois mois, il fut constaté que le nombre des abonnements avait augmenté de vingt-sept !

J'eus recours aux affiches, je multipliai le nombre des échanges, afin qu'on vît dans les départements voisins :

« Nous lisons dans *L'Indépendant*, de M... etc... »

Je tâchai de convaincre les commerçants de la nécessité des annonces... Tout cela amenait bien quelque chose, mais si peu de chose !

J'imaginai alors d'intéresser le public par des faits locaux. Je criais tous les jours :

« Les rues sont mal pavées ; la ville est mal éclairée ; les trottoirs sont insuffisants, etc., etc. »

Le préfet m'écrivit que la ville était endettée, et que je ferais bien de mettre un terme à des plaintes qui blessaient la municipalité.

Mais cette mine précieuse une fois épuisée, à quels faits locaux pouvais-je me livrer?

Il ne se passait rien dans cette sotte ville!

A peine si, de loin en loin, un paysan des environs jetait sa femme dans un puits! J'offris cent francs par mois à un mauvais drôle de M..., pour y commettre quelques bris de clôture, et, s'il était possible, quelques tentatives d'assassinat. Il accepta, et cela me réussit d'abord. Je donnais à ces petits événements une couleur qui en faisait autant de drames :

« La rue Saint-Dizier a été témoin d'une épouvantable tentative... »

Ou bien :

« Tout le quartier de la Rive est plongé dans la consternation... »

Les habitants n'osaient plus sortir de chez eux, mais *L'Indépendant* était plein d'intérêt.

On finit cependant par s'apercevoir que je racontais quelquefois les événements une heure avant qu'ils ne fussent arrivés. L'autorité s'en émut, et je crus prudent de quitter la ville, qui retomba aussitôt dans la torpeur.

Je fondai alors *Le Franc-Parleur* de B..., journal qui paraissait de temps en temps. Mais j'avais beau multiplier les affiches et faire tambouriner dans la ville les nombreux

avantages que j'offrais à mes abonnés, la population res-
tait fidèle à

L'ÉCHO DÉPARTEMENTAL

Je voulus alors frapper un grand coup. Un pâtre des
environs ayant disparu mystérieusement, je racontai en
quel endroit précis et de quelle manière il avait été dévoré
par cinq loups.

On remarqua dans la ville que *Le Franc-Parleur* était
mieux renseigné que *L'Echo.*

Mais *L'Echo* me demanda le lendemain comment, en
admettant que le pâtre eût été dévoré par les loups, je
pouvais savoir qu'il y en avait justement cinq; j'affirmai
d'une façon péremptoire qu'il y avait cinq loups, ni plus
ni moins, et qu'ils s'étaient enfuis à l'approche d'un gendarme.

On commençait à me croire quand le cadavre du pâtre
fut trouvé dans la rivière.

Encore une ville qui devenait impossible!

Je voulus faire une dernière tentative, et je pris la rédaction du *Courrier de R...*

Un amateur de la ville m'offrit mille francs pour publier
en feuilletons un roman russe intitulé :

L'OURS

Ce fut un *tolle* général dans la ville. Les abonnés voulaient me tuer. Les boutiquiers sortaient sur mon passage :

— Hé ! me criaient-ils avec cette familiarité impertinente des gens du Midi, que diable nous donnez-vous là ?

Je dus interrompre cette publication pendant quelques jours. J'avoue, du reste, qu'il est impossible de se faire une idée de ce roman ; c'était illisible. Mais — mille francs !... Un mois après, je donnai un second feuilleton.

On m'honora d'un charivari.

Toutefois, je n'en eus pas le démenti. Tous les mois, je publiais un feuilleton de *L'Ours* ; puis je me renfermais pendant quelques jours, jusqu'à ce que l'irritation fût calmée.

Aujourd'hui, j'ai pris mon parti des tristesses bouffonnes de cette existence. Je veux mourir rédacteur du *Mémorial*. La femme du médecin et moi, nous sommes les deux êtres les plus malheureux de la ville ; — tous les deux incompris.

LES EMPRUNTEURS

LES EMPRUNTEURS

—

E grand parti dés emprunteurs fait chaque jour de nouvelles recrues. Les boursiers eux-mêmes se sont engagés comme volontaires. Il est temps d'opposer une digue à ce débordement.

Si l'on appliquait à la quadrature du cercle ou à la locomotion aérienne la somme d'intelligence et d'esprit qui se dépense chaque jour à Paris pour arriver à la possession du *louis* nécessaire ou des cent sous de rigueur, nul doute que les deux grands problèmes ne fussent immédiatement résolus.

Combien y a t-il de gens, sans famille et sans ressources, qui doivent :

1o A la complaisance d'un tailleur débonnaire, la confiance de leur restaurateur ;

2o A l'avantage d'être vus, chaque soir, dans un milieu riche et élégant, des relations qui leur valent un mariage ;

3o A leur mariage, une position, un titre, une sinécure ?

Tel est l'engagement des choses parisiennes.

Un homme abandonné du tailleur n'a plus qu'à s'attacher une pierre au cou et à prendre son dernier bain dans la Seine.

Les rats ne quittent un vaisseau que quand il est fatalement condamné.

Industriels audacieux, les tailleurs escomptent le physique, l'habileté et jusqu'à l'entregent de la jeunesse pauvre et ambitieuse. On dirait qu'ils se plaisent à placer au hasard une partie de leur temps et de leurs étoffes.

En vous prenant mesure d'une redingote ou d'un habit, ils mesurent aussi votre avenir.

Pourquoi pas ? puisqu'on peut calculer pour l'écartement de l'angle la largeur d'une rivière ou la hauteur d'une tour ?

Aussi, parlez-leur de quelque célébrité politique, financière ou artistique, ils vous diront avec un orgueil mal déguisé :

—Cet homme-là, monsieur, je l'ai habillé pendant quatre ans sans lui demander un sou. Je savais qu'il était sans ressources, mais je l'avais jugé. J'ai vu qu'il avait des *moyens*. J'ai deviné qu'il ferait son chemin, *et je ne me suis pas trompé !*

Quand il s'est trompé, par exemple, le tailleur traite facilement son homme de filou.

Il replie à jamais l'étoffe et la doublure, et sa bonté s'arrête à toute la nature.

LES SERVICES D'ARGENT

il faut bien les reconnaître, sont, en France, les seuls services *réels*.

L'intérêt qu'on vous porte, les recommandations, les démarches, toutes choses qui sont comptées comme services en Angleterre, n'ont aucune valeur parmi nous.

Ceci posé, calculez un peu ce qu'il faut de génie pour se procurer le nombre d'amis qui doit suffire à l'existence d'un homme !

L'emprunteur part de ce principe : Qu'on ne peut guère refuser trois fois de suite vingt francs à un ami.

Puis, la formule du refus est *une* et brutale. La formule de l'emprunt, au contraire, est flatteuse, touchante et variée.

Formule n° 1 :

« CHER AMI,

« Deux louis jusqu'à demain *pour ne pas rentrer chez moi.* J'attends chez ton concierge. »

Formule n° 2 :

« Très-cher, j'ai sur le dos une voiture et une femme. Vingt-cinq francs sont de rigueur. *Je viendrai te prendre demain matin pour déjeuner.....*

» POST-SCRIPTUM.—Ne descends pas. La femme ne veut pas être vue. »

Vous envoyez les vingt-cinq francs, et, en regardant par la fenêtre, vous apercevez votre ami qui s'en va tranquillement à pied.

Formule n° 3 :

« Vous avez toujours été si gracieux et si bienveillant pour moi que je n'hésite pas à venir vous demander un petit service. La terrible bouillotte m'a mis complétement à sec. Il me faut à tout prix cent livres pour quelques jours. Je sais que vous êtes en fonds. *J'aime si peu à emprunter* que j'ai préféré m'adresser à vous qu'à tout autre. Vous me comprendrez, etc.

Formule n° 4 :

« Mon ami, le journalisme est un sacerdoce. Envoyez-moi, de grâce, tout ce dont vous pouvez disposer. Clichy me guette. On est à mes trousses. Faites pour moi ce que nous ferions tous pour vous. Un refus serait une offense, mais je connais trop votre cœur, etc..., etc... »

Nota. — Sur cent cinquante emprunteurs, il y en a *un* qui rend.

Défiez-vous cependant de celui qui,

Vous ayant rendu cinq francs une première fois, vous emprunte vingt francs le lendemain ;

Qui, vous ayant rendu vingt francs, vous en emprunte quarante ;

Et ainsi de suite.

L... nous montrait dernièrement une lettre ainsi conçue :

« Monsieur,

« Je ne sais comment qualifier l'insistance que vous mettez à me réclamer les *deux ou trois* cents francs que j'ai le malheur de vous devoir. Vous devez bien penser que, si cela m'était possible en ce moment, je me hâterais d'en finir avec vous, afin d'avoir le droit de vous dire tout le dégoût que me cause votre cuistrerie... »

— C'est drôle, ajoutait L.., j'avais confiance en lui, IL M'AVAIT RENDU CENT SOUS.

On se rappelle la lettre adressée à M. Véron par un emprunteur qui y mettait au moins de la franchise :

« Prêtez-moi vingt-cinq louis. Vous avez tant de chance, qu'il est possible que je vous les rende. »

DÉFIEZ-VOUS ENCORE

de l'emprunteur qui vous embrouille. Celui-là vous demande cinquante francs le matin ; il vous rend dix-sept francs le soir. Le lendemain, il vous redemande cent sous. Puis, il vous laisse en dépôt deux ou trois cents francs qu'il a empruntés à un autre ; c'est l'amorce.

Il reprend 275 francs deux jours après ; puis quatre-vingt-cinq francs, en vous assurant qu'*il tient les livres*, et, de fil en aiguille, il vous doit enfin deux ou trois cents francs, sans que vous sachiez trop lequel de vous deux est le débiteur de l'autre.

DÉFIEZ-VOUS SURTOUT

du débiteur qui vous invite à dîner. Celui-là ne vous donnera pas même 5 0/0, et le moyen de réclamer deux ou trois louis à un homme qui vous a offert le pain et le sel.

Cette combinaison est d'autant plus savante, que c'est lui qui a tout le mérite d'une générosité dont vous avez fait les frais.

**

M. N..., qui est un homme rangé, consacre chaque soir, une heure ou deux à *écumer* le boulevard. Il monte sa garde entre la Chaussée-d'Antin et le faubourg Montmartre, et tirant à l'écart chaque figure de sa connaissance, il fait son petit boniment :

— Je descends du cercle, je suis rincé. Donnez-moi donc deux louis pour me refaire !

Il a eu, dit-on, des soirées de six cents francs.

Mais l'impudence ne suffit pas toujours, il faut aussi ne pas manquer de mémoire.

Ainsi, l'autre soir, M. N..., qui avait déjà accosté le baron F... au coin de la rue Taitbout, le rencontra une demi-heure plus tard sur le boulevard Montmartre et voulut recommencer sa petite histoire.

— Faites donc attention, mon brave, répondit le baron, je vous ai déjà donné tout à l'heure !

**

Un soir de cet hiver, on jouait chez madame de C... M... (Qu'on me pardonne toutes ces initiales, j'ai peur des procès.)

M. D..., rédacteur d'un journal influent, avait constamment perdu.

—Faites-moi passer dix louis, lui dit un de ses confrères à qui la chance n'avait pas été plus favorable.

D... s'exécuta de fort mauvaise grâce.

Le confrère perdit, joua sur parole et perdit encore.

— Je vous devrai cent cinquante francs, dit-il à son adversaire, — ou plutôt non, *je préfère n'avoir qu'un seul créancier.*

Il enleva deux billets,—les deux derniers,—que M. D... avait posés devant lui, et, après avoir payé, il sortit avec cinquante francs dans sa poche, tandis que *son seul créancier* se trouvait dans l'impossibilité de prendre même l'omnibus.

*
* *

Si La Palférine revenait au monde, il lui faudrait faire quelques études pour se remettre à la hauteur de la situation.

Un de nos *modernes* faisait dernièrement sa profession de foi :

— J'ai vingt-huit ans. Je suis plein de force et de santé, c'est-à-dire de désirs et de besoins. Sans énumérer les soins qui m'ont été prodigués par ma tendre mère, les sacrifices que mon père s'est imposés pour mon éducation, voici approximativement ce que j'ai coûté depuis ma naissance :

Mois de nourrice.	600
Habillement.	8,000
Education. — Collége	6,000
Nourriture.	15,000
Consultations. — Pharmacie	4,000
Voyages. — Menus plaisirs, etc., etc.	

Je représente donc, à peu près, un capital de quarante à quarante-cinq mille francs, capital employé à faire de moi un homme propre à servir la société, qui ne m'en rembourse pas les intérêts, puisqu'elle me laisse les bras croisés. Il m'est bien permis, après cela, de regarder mon tailleur, mon bottier, et mon restaurateur, comme les agents chargés par la société de lui rembourser les intérêts de ce que je vaux personnellement.

Encore un mot — pour terminer :

L'un de nos La Palférine à qui l'on offrait trois cents francs par mois pour passer quatre heures chaque jour assis devant un bureau, se récria vivement :

— Trois cents francs par mois, mais je gagne beaucoup plus que cela A EMPRUNTER !

LES PRÊTEURS

LES PRÊTEURS

ous n'entendons parler ni des prêteurs sur gage, ni des magistrats romains.

En prenant pour point de départ que l'on ne prête jamais d'argent que malgré soi et par la force des circonstances, nous appelons prêteur tout individu susceptible de posséder dix francs.

Il est de toute justice, après avoir publié les principales ruses des emprunteurs, de dévoiler aussi les moyens qu'on emploie le plus ordinairement pour *ne pas prêter*.

Le sentiment qui nous porte à *conserver*, ou du moins à *garder pour nous*, est essentiellement comique. La difficulté est donc de déguiser notre égoïsme de manière à sauvegarder nos intérêts, sans porter atteinte à notre réputation de galant homme.

Il est bien dur de dire à une créature humaine qui demande, qui regarde et qui attend : « J'ai de l'argent, mais je ne veux pas vous en donner. »

Il est bien cruel de répondre par un refus à la confidence d'une gêne, d'une misère, ou d'un appétit à assouvir ;

De faire acte de défiance ou de ladrerie ;

De rompre brusquement avec un homme qui vient de vous serrer la main, et cela parce qu'il vous demande vingt francs que vous pouvez si facilement lui refuser !

Cependant, ces vingt francs, qu'on tente si souvent de vous arracher, représentent quelques heures de votre travail ; c'est le prix d'une idée que vous avez eue, d'une fatigue que vous vous êtes imposée. Si vous additionnez, comme feu le marquis d'Aligre, les sommes qu'on à voulu vous emprunter dans le courant de l'année, vous trouverez un total bien supérieur au chiffre de vos revenus ou de vos appointements.

Notre ami Mario Uchard nous montrait dernièrement l'effroyable liasse de lettres qu'il a reçues le lendemain de la représentation de sa *Fiammina*. On lui demandait tout simplement le double des droits d'auteur qu'il ne devait toucher qu'en cinq ou six mois.

Que faire ?

Etre bon camarade sans être dupe ;

Généreux sans être prodigue ;

Prudent sans être sournois ;

Que de difficultés !

Il est bien plus simple d'être tout bonnement égoïste.

***

Un jour du mois dernier, madame B... va trouver une de ses amies de pension, épouse d'un notaire patenté.

Les femmes de notaire ne sont point prêteuses ; c'est là leur moindre défaut.

— Chère amie, lui dit madame B..., le torrent m'a emportée. J'ai voulu tenter une petite spéculation à la Bourse, et... j'ai perdu. Il faut, à tout prix, cacher cette imprudence à mon mari. Vous avez de l'argent, prêtez-moi mille écus.

— Ma belle, répond la fourmi, j'ai quelque argent, c'est vrai. Mais voici venir la fin de la saison, il me faudra renouveler ma toilette ; je vous réclamerai ces mille écus, vous ne pourrez pas me les rendre et nous nous fâcherons. J'aime autant les garder et nous fâcher tout de suite.

LE VIL MÉTAL

a servi de thèse à bien des poètes, à bien des philosophes. Arnal seul a su lui rendre justice.

Opinion du Dictionnaire :

OR, *aurum*, métal jaune, peu dur, peu élastique, très-compacte, le plus flexible, le plus tenace, le plus fixe de tous les métaux. (*N'a pas de pluriel.*)

Hélas ! non, pas de pluriel !

Opinion de Confucius :

« Les avares aiment l'or pour l'or même ; d'autres voient en lui le représentant de tous les biens. »

Ces autres-là ne sont pas des imbéciles.

Opinion de La Bruyère :

« Celui qui estime plus l'or que la vertu perdra l'or et la vertu. »

C'est ce qui n'est prouvé que pour la vertu seulement.

Opinion d'Arnal :

« Si l'or ne fait pas le bonheur, il y contribue du moins énormément. »

Certes, la position d'un homme qui ne sait où dîner est aussi intéressante que celle d'une femme... malade. Mais la race franque a pour elle une excuse vraiment valable, c'est que la race gauloise lui rend trop souvent une moquerie contre un bienfait. Je ne demande pas de reconnaissance à l'homme que j'oblige, mais je ne veux pas qu'il me fasse des pieds de nez.

Cette action si sérieuse d'obtenir de vous un peu de ce métal qui *contribue énormément au bonheur*, les emprunteurs la définissent par ces mots choquants :

TIRER UNE CAROTTE !

Cette formule suffirait seule à justifier l'égoïsme.

A quoi bon mentionner ici les ruses grossières du rentier de mauvais ton qui prétexte d'un billet qu'il a payé le matin ou qu'il paiera le lendemain, d'une rentrée sur laquelle il comptait et qui ne s'est pas effectuée.

Laissons ces naïvetés aux financiers de quatre ans.

Le moyen le plus généralement employé pour ne pas prêter d'argent, c'est d'en demander le premier à l'individu qu'on voit venir.

Il suffit d'un peu d'instinct pour juger la situation.

Nous avons vu démasquer récemment un de nos camarades qui poussait en cela l'habileté jusqu'au génie.

Chacun le voyait dîner *sans supplément* dans une modeste gargote. Dès que l'un de nous avait le malheur de se plaindre de l'état de sa bourse, l'ami le tirait mystérieusement à l'écart et lui disait avec des larmes dans la voix :

— Dis donc, tu ne pourrais pas me prêter trente-cinq sous ?

Généralement mal vêtu, s'emboîtant dans des pantalons trop courts, traînant des souliers éculés, il supportait courageusement toutes les moqueries.

De même que les peuples ont donné un surnom à Alexandre le Grand, à Richard Cœur de Lion, à Charles le Téméraire, nous l'avions surnommé *le Panné !*

Il se hasardait seulement, de temps en temps, à nous faire observer, comme dans les colléges, qu'on ne doit *blaguer ni les parents, ni les habits.*

Mais ne voilà-t-il pas qu'on apprend, un beau jour, que *le Panné* était propriétaire d'un château dans la Touraine ! Un vrai château avec un parc, des champs, des prairies ! Un château comme je n'en aurai jamais, à moins qu'une jeune héritière ne laisse tomber sur moi un regard bienveillant, — et qu'elle me plaise.

Quand cette nouvelle se répandit, il y eut, comme bien vous pensez, du bruit dans Landerneau.

On démasqua le coupable qui pâlit, balbutia, parla de réparations importantes qui le laissaient dans une gêne momentanée, etc., etc.

Eh bien ! on n'a jamais pu savoir ce que le Panné faisait de son argent.

Des vices secrets? Soit. Mais pas pour vingt mille francs par an.

Enfin, de guerre lasse, nous nous sommes arrêtés à une supposition qui ne manque pas de probabilité.

C'est lui qui fait des restitutions au Trésor sous le voile de l'anonyme.

Voir *Le Moniteur* :

« Une somme de deux cents francs a été remise par un anonyme entre les mains du receveur de ***, à titre de restitution au Trésor. »

Ou bien encore :

« Un honorable ecclésiastique a remis une somme de vingt-cinq centimes entre les mains du percepteur de Saint-n'importe quoi. Cette somme a été immédiatement versée au Trésor. »

**

Nous connaissons un banquier de fraîche date, homme de lettres hier, millionnaire aujourd'hui, qui sait se mettre à l'abri des emprunteurs par un moyen assez original.

Cet artiste porte constamment sur lui deux porte-monnaie. — L'un, — le vrai, — est bourré de papier Garat et de pièces sonnantes ; l'autre, — le porte-monnaie des amis, renferme tout juste deux francs cinquante en petites pièces et un timbre-poste pour Paris. Il n'ouvre jamais que ce dernier à ses camarades d'autrefois, et levant les yeux au ciel, il s'écrie avec un profond soupir :

— Ah! mon ami, que tu es heureux d'ignorer les nécessités du commerce et la cruauté des affaires !

Je sais des gens qui, après l'avoir abordé dans le but de lui emprunter deux louis, finissaient par lui offrir cent sous pour aller dîner.

***

X... fumait paisiblement un cigare sur le boulevard des Italiens. Survient H...

Quærens quem devoret.

— Peux-tu me prêter de quoi dîner?

— Mon cher ami, je n'ai qu'un louis et une pièce de vingt sous. Voilà les vingt sous, parce que... tu sais... un louis monnayé, ça vous fond entre les doigts !...

H .. prend les vingt sous et continue sa route.

— Hé! dis donc, s'écrie tout à coup le prêteur, achète-moi quatre sous de tabac sur les vingt sous, *afin que je ne sois pas obligé de monnayer!*

***

Chose curieuse, le lendemain même du jour où je

publiais un article sur les *emprunteurs*, je recevais une lettre ainsi conçue ·

« Cher ami ,

» J'espère que , malgré votre boutade sur les emprunteurs, vous voudrez bien remettre deux ou trois louis au commissionnaire, que je vous expédie *franco*. Je vous rendrai *ça* un de ces matins, si vous voulez bien venir déjeuner avec moi..... »

Le moyen même que j'avais indiqué !

*
* *

Et maintenant, quelle est la moralé de tout ceci ?

C'est que le monde est sans doute fort bien tel qu'il est, puisqu'on n'y peut rien changer.

Continuons de nous extasier devant l'*ordre admirable de la nature*.

Prêtons quelquefois de l'argent à ceux qui en ont besoin , et empruntons-en souvent à ceux qui peuvent s'en passer.

Ainsi soit-il !

VOYAGE D'ARISTIDE VÉNARD

AU PAYS DES ROMANS

VOYAGE D'ARISTIDE VÉNARD

AU PAYS DES ROMANS

—

ÉTUDE MACARONIQUE

—

I

Une chevauchée.

AR une belle matinée de printemps, deux cavaliers chevauchaient côte à côte le long d'une rivière pure et limpide; l'un était couvert d'un large manteau; un feutre brun ombrageait ses épais sourcils. L'autre était également couvert d'un large manteau, mais il avait sur la tête un large chapeau plus blanc que la neige.

Tout était parfum et poésie autour d'eux. Les ormes qui bordaient le chemin agitaient leurs panaches verts; la prairie était émaillée de marguerites et de coquelicots; les oiseaux chantaient leur hymne au Créateur, et de petits lézards dorés s'enfuyaient de droite et de gauche, comme doivent le faire des amis de l'homme, quand ils en aperçoivent un ou deux.

Solitude des champs, grands bois remplis de voix mystérieuses, splendeur du ciel bleu, chansons des moissonneurs, crépuscule embaumé, clochettes des troupeaux, grande et imposante nature, que je plains les cœurs insensibles qui vous préfèrent le monde et ses vaines agitations!

Les deux cavaliers suivaient fidèlement les capricieux méandres de la rivière; le murmure des eaux n'aurait point empêché l'œil d'un observateur d'entendre leur conversation..

— Mon nom, disait le premier, c'est Aristide Vénard. Fils d'une mère coupable et d'un père dénaturé, qui refusa toujours de reconnaître son enfant, je vis, à sa mort, d'avides collatéraux s'emparer de tous ses biens. Ma mère ayant contracté l'habitude de s'enivrer, ne tarda pas à suivre son séducteur dans la tombe, et bientôt je fus banni de la ville d'Angoulême avec défense de porter le beau nom de Vénard!

Le cavalier s'arrêta un moment pour déguiser la pâleur qui le suffoquait, puis il continua :

Ce qui mettait le comble à mon désespoir, c'était de

me voir séparé d'Eulalie. Cette jeune fille n'était pas née sur un trône ; il ne lui manquait que cela pour être princesse. Si jamais vous la rencontrez, vous la reconnaîtrez facilement à ses jambes, les plus belles jambes d'Angoulême ! Son père était chapelier. C'est à sa munificence que je dois ce coursier moins rapide que le zéphire et ce chapeau plus blanc que la neige : « Va, jeune homme, me dit ce vieillard, et si jamais tu fais fortune, viens me demander ma fille. Dépêche-toi cependant, car si tu tardais... elle a des jambes qui ne peuvent pas attendre. »

Il dit, et appuyant son pied sur mon échine, il me lança dans l'abandon.

Lassé d'une société corrompue, dégoûté du monde où le vrai mérite sera toujours méconnu, je me suis mis à la recherche de cette contrée heureuse où fleurit l'imprévu, où mûrissent les surprises ; en un mot, je cherche le pays des romans.

Le second cavalier prit la parole à son tour :

—Je m'applaudis, s'écria-t-il, du hasard qui m'a fait vous rencontrer. Je suis l'Inconnu. Il est inutile de m'expliquer plus clairement ; qui est-ce qui ne connaît pas l'Inconnu ? Ah ! jeune homme, applaudissez-vous cent fois de l'ingratitude de vos compatriotes. J'arrive de ce royaume merveilleux où vous appellent vos inspirations ; j'en arrive et j'y retourne. A peine avais-je mis le pied sur le sol de la France, que des agents du pouvoir me demandèrent mon passe-port, comme si l'Inconnu pouvait avoir des papiers !

Dérision! folie! Suivez-moi, vous serez bientôt initié aux splendeurs de la vie romantique!

L'inconnu pressa les flancs poudreux de son cheval ; Aristide le suivit au galop, et tous deux disparurent dans un nuage de poussière.

II

Comment Aristide fut arrêté par des brigands, et ce qui en advint.

Un coup de feu se fit entendre dans l'obscurité.

— Qu'est-ce que c'est que ça? s'écria Aristide.

— Rassurez-vous, dit l'Inconnu, ce sont des voleurs.

— S'ils me tuent?

— S'ils vous tuent, vous serez transporté dans quelque château des environs, où une gracieuse et lymphatique héroïne vous entourera de soins assidus. Après vingt-quatre heures, vous pousserez un soupir ; elle mettra la main sur son cœur. Le lendemain vous ouvrirez les yeux, et vous la trouverez à votre chevet, pâle et décolorée. Huit jours après, vous l'aimerez de toute la force d'un premier amour.

— Et Eulalie? interrogea Vénard?

— Attendez donc, fit l'Inconnu avec impatience, vous n'en êtes encore qu'au premier volume.

— Eh bien! passons au second.

— Au second volume, un homme de quarante ans, qui sera comte, baron, ou Brésilien, viendra vous disputer la main de la jeune personne. Vous vous battrez avec lui...

— Pas du tout, s'écria Aristide, je ne me battrai sous aucun prétexte.

L'Inconnu continua d'un ton impérieux :

— Vous vous battrez avec lui et vous serez blessé.

— Ce sera amusant, grommela Vénard.

— Au troisième volume...

L'Inconnu n'en put dire davantage. Une main formidable avait saisi son cheval par la bride. Aristide se vit entouré d'une foule de gens de mauvaise mine.

— Halte-là! cria-t-on.

L'Inconnu dégaîna.

— Bon! il va me défendre, pensa Aristide.

— Voici mes armes, continua l'Inconnu; ce jeune gentilhomme va vous donner les siennes; ne nous faites pas de mal.

Aristide demeura stupéfait.

Une demi-heure après, nos deux héros, chargés de chaînes pesantes, étaient assis au fond d'une caverne sur deux quartiers de rocher.

Une vieille femme préparait le repas des bandits.

— Un veau tout entier rôtissait devant un immense

brasier, et les cruches remplies de vin de Porto circulaient à la ronde.

— Où donc est Laura? demanda l'un des gens de la bande.

A ces mots, on vit approcher une jeune fille qui était couchée sur de riches tapis.

Jamais une telle beauté n'avait frappé les regards d'Aristide.

Le profil grec de Laura se découpait harmonieusement sous une chevelure d'ébène relevée de chaque côté en épais bandeaux où se jouaient des perles et des sequins. Son cou, d'une pureté antique, se fondait en suaves contours sur ses magnifiques épaules. Ses bras, blancs et forts, se dégageaient avec noblesse de son corsage de velours noir.

La lueur vacillante des torches qui éclairaient la caverne entourait d'une fantastique auréole cette merveilleuse apparition.

—Que veux-tu, Lamberti? demanda la jeune fille, d'une voix saccadée. N'est-ce donc pas assez d'avoir fait mourir ma mère de douleur? n'est-ce donc pas assez d'avoir égorgé mes frères? tu en veux encore à mon honneur?

— Eh bien! oui, je t'aime! s'écria le bandit. Je suis las de carnage et de sang. Cette nuit, la madone m'est apparue : «Lamberti, m'a-t-elle dit, il en est temps encore, retourne à ta chaumière; le bonheur n'est pas dans le crime. » Ah! si tu voulais, Laura, si tu voulais !

— Non! monstre odieux, non, je ne t'aimerai jamais !
La colombe peut-elle aimer le vautour?

Un nuage de colère passa sur le front du bandit. Il
porta la main à son poignard, puis il se rassit brusquement.

— C'est bien, murmura-t-il, nous verrons qui de nous
deux brisera l'autre!

Le festin commença.

Au milieu du choc des verres et parmi les rires bruyants,
Aristide surprit un regard rapidement échangé entre Laura
et l'Inconnu. Il sentit l'espoir renaître dans son âme.

Les brigands, épuisés par de nombreuses libations, suc-
combèrent bientôt à la fatigue.

Quand Laura les vit complètement endormis, elle s'ap-
procha des deux captifs et les débarrassa promptement de
leurs chaînes.

Aristide profita de sa liberté pour remettre son chapeau.

— Prends cette lampe, dit-elle à l'Inconnu; et enfonce-
toi sous les profondeurs de ce souterrain. Quand la voûte
trop basse ne te permettra pas de marcher, tu ramperas
sur le ventre. Si tu entends du bruit, ne crains pas de
t'enfuir; mais va toujours devant toi, car la route est
difficile!

— Et toi, Laura, s'écria l'Inconnu avec transport, ne
viens-tu pas avec nous?

L'œil de la jeune fille s'illumina d'un orgueil sauvage. Ses narines se dilatèrent. Elle releva fièrement la tête.

— Moi, je reste, fit-elle d'une voix sourde ; je m'appelle LA VENGEANCE !

III

Le souterrain.

L'Inconnu s'était emparé d'une torche. Aristide mit un jambon sous son bras et saisit l'Inconnu par le pan de son habit. Tous deux s'enfoncèrent sous les voûtes profondes.

Après deux heures de marche, l'Inconnu heurta quelque chose du pied. Il fit un faux pas et tomba, entraînant Aristide dans sa chute. La torche s'éteignit brusquement.

Rien autour d'eux que le rocher, rien qu'une horrible obscurité ! On entendait au loin l'eau qui suintait goutte à goutte et tombait avec un bruit sourd au milieu d'un morne et sinistre silence.

— Qu'est-ce qui vous a fait tomber ? demanda Aristide tout tremblant.

— Heu ! fit l'Inconnu avec indifférence, un cadavre, sans doute.

— Un cadavre ! s'écria Vénard.

— Oui, il est cousu dans un sac... Vous pouvez tâter.

— C'est, ma foi, vrai... Mais il est humide !

— C'est du sang, dit l'Inconnu.

Aristide frémit de la tête aux pieds.

— Que faut-il en faire ?

— Il faut continuer notre route et le laisser là. Ses parents viendront le réclamer.

— Continuer notre route ! Encore faudrait-il pouvoir nous orienter...

— Ne soyez pas en peine pour si peu de chose. N'entendez-vous pas comme un bruit lointain ?

— Oui, on dirait la respiration d'une créature.

— C'est une bête fauve qui s'est réfugiée dans ce souterrain. Nous n'avons qu'à la suivre, et nous trouverons certainement une issue.

Aristide saisit de nouveau l'Inconnu par le pan de son habit, et ils continuèrent d'avancer.

Mais tout à coup, le sol manqua sous leurs pas. Ils descendirent avec une vitesse toujours croissante, et Aristide eut bien soin, tout en serrant le jambon sous son bras, de se cramponner plus fortement au pan de l'habit.

Après quelques minutes, il aperçut comme un crépuscule lointain ; l'air qu'il respirait lui sembla plus pur et plus doux. Le jour se fit peu à peu, et il se trouva enfin dans un océan d'azur...

IV

Petite cosmographie comparée.

— Où diable nous trouvons-nous ? s'écria-t-il.

— Nous sommes en pleine atmosphère, répondit l'Inconnu. Le pays des romans est au-dessous de nous.

— Mais il me semble que je tourne?

— Tout corps tombé en équilibre doit tourner. Nous sommes passés à l'état de comètes.

— Et comment descendrons-nous ?

— C'est ce que j'ignore. Commencez par lâcher le pan de mon habit !

Aristide obéit à regret. L'Inconnu était entraîné comme dans un courant rapide, et Aristide se mit à tourner autour de lui.

L'émotion qu'il éprouva fut si forte qu'il laissa échapper le jambon. Aussitôt le jambon se mit à tourner autour d'Aristide.

— Oh! oh! s'écria celui-ci, j'ai un satellite!

— Jetez votre chapeau, dit l'Inconnu.

Aristide, subjugué par son compagnon de voyage, jeta le chapeau, plus blanc que la neige.

Le chapeau commença de décrire des cercles autour du jambon.

Ils continuèrent de s'en aller à la dérive, Aristide tournant autour de l'Inconnu, le jambon autour d'Aristide, et le chapeau autour du jambon.

Une partie de la journée s'écoula ainsi. Aristide commençait à se désespérer, quand il sentit qu'il changeait de direction.

Nos deux personnages étaient entraînés par la chute d'un aérolithe. Ils tombèrent heureusement dans les ondes transparentes d'un lac azuré.

Arrivé au fond du lac, Aristide se rappela les vers de M. Scribe :

Quand on tombe dans l'eau comme une lourde masse,
Un simple coup de pied vous porte à la surface.

Il donna le coup de pied, mais d'une façon si malheureuse qu'il atteignit l'Inconnu en pleine poitrine. Celui-ci lui rendit son offense, et Aristide se sentit remonter, poussé par les coups de pied que l'Inconnu lui appliquait par derrière.

Il eut bien vite gagné le rivage et s'étendit sur le gazon, afin de donner à ses habits le temps de sécher.

Quand il eut goûté quelque repos, Aristide se mit à explorer les environs.

V

Conversation de Vénard avec un Turc.

Il se trouvait dans une vallée délicieuse dont l'air avait la singulière propriété de tenir lieu de nourriture à ceux qui le respiraient, de sorte que les habitants de cette contrée peuvent entreprendre le plus long voyage sans se mettre en peine de faire aucune provision.

Aristide ayant aperçu quelques entassements de rochers, eut la curiosité de s'en approcher et de les toucher de la main. Quel ne fut pas son étonnement de les trouver si tendres qu'ils cédaient à la moindre pression, comme de la laine ou du caoutchouc. Il n'aurait jamais compris ce phénomène, si on ne le lui avait expliqué par la suite. Un amant malheureux était venu gémir la veille, dans cette solitude, et les rochers n'avaient pu résister à ses accents douloureux. Les uns s'étaient fendus du haut en bas, les autres s'étaient laissé fondre comme de la cire, et les plus durs s'étaient attendris...

Il est facile de juger quelle doit être la complaisance des échos dans un pays où les rochers sont si sensibles.

Vénard s'enfonça dans un sentier qui serpentait autour d'une verte colline. Il aperçut bientôt un superbe Turc qui fumait une interminable pipe, d'où s'échappaient mille et une bouffées de tabac.

Il ne put résister au désir de l'interroger.

— Je suis le conte oriental, lui dit le Turc, et puisque vous semblez me porter quelque intérêt, je vais satisfaire la curiosité que je lis dans vos regards.

VI

Histoire de Chems-Eddin, fils de Muley-ben-Chameau.

Mon père était un des plus riches joailliers de Damas; il avait pour voisin un cadi barbare et cupide, nommé Moustafalem. Autant la race des cadis est vile et rampante auprès de ses supérieurs, autant elle se montre pleine de morgue et d'arrogance envers ses inférieurs. C'est ainsi qu'on fait payer à ceux qui sont au-dessous de soi les dédains et l'insolence de ceux qui sont au-dessus.

Moustafalem avait une fille plus belle que la pleine lune; on la nommait Selmi-Kourak, ce qui signifie *Fleur des pois*. Ses lèvres avaient l'éclat du corail, ses dents étaient plus belles que les perles que l'on voit au fond de la mer, et sa chevelure faisait onze fois le tour de son corps. Mais avant de continuer le récit des aventures de mon père, il est bon de vous faire connaître l'histoire de Moustafalem.

Histoire de Moustafalem, cadi de Damas.

Un jour que Moustafalem était allé retirer une somme considérable de chez l'un de ses débiteurs, il rencontra un chamelier qui s'arrachait les cheveux et donnait les marques du plus violent désespoir. Il voulut en connaître la cause. Voici ce que lui raconta le chamelier.

Histoire de Zéri-Noureddin et de la mulâtresse de Bassora.

Je suis fils d'un pâtissier de Bassora, qui faisait les fournitures du palais du sultan Tiphli-Ramadin. Tiphli-Ramadin avait recueilli auprès de lui un misérable calender qui passait pour un homme d'une grande expérience.
Ce calender se nommait Mac-ben-Seïd, et la façon dont le sultan l'avait rencontré est assez singulière pour que je ne vous la cache pas.

Histoire de Mac-ben-Seïd, calender, et de Tiphli-Ramadin, sultan de Bassora.

Un jour que le sultan était à la chasse...
— Permettez, monsieur, interrompit Aristide, votre confiance m'honore, mais des affaires pressantes me forcent de continuer ma route. Seriez-vous assez bon pour m'in-

diquer le plus court chemin pour arriver à la capitale de ce beau pays?

— Rien n'est plus simple, répondit le Turc. Vous allez trouver à droite le Royaume de la Chevalerie, puis la République des Bergers; vous traverserez ensuite l'Anarchie des Romans traduits de l'anglais, après quoi vous serez arrivé.

— A quel hôtel me conseillez-vous de m'arrêter?

— Heu! la chose est indifférente. Hôtel Jaccottet, hôtel Hachette, hôtel Michel Lévy, hôtel Cadot, etc. etc...

— Monsieur le Turc, j'ai l'honneur de vous saluer.

— A propos, reprit le Turc, si vous rencontrez un homme de bonne volonté, vous ferez bien de me l'envoyer. J'ai beaucoup de choses à raconter.

— Je n'y manquerai pas.

— Mille et une salutations.

VII

Une rencontre imprévue.

Aristide passa la manche de son habit sur son chapeau plus blanc que neige, et il se mit à descendre le versant de la colline.

Une berline passa rapidement à côté de lui, et comme

il s'étonnait de la témérité du cocher, la roue accrocha un tronc d'arbre, les chevaux furent renversés, et la berline à moitié brisée, tomba dans une fondrière.

Aristide voulut courir au secours des voyageurs, mais il vit sortir par le carreau de la portière un personnage qui lui était déjà familier.

Ce ne fut pas sans une joie profonde qu'il reconnut l'Inconnu.

— Malheureux ! s'écria ce dernier en pressant Aristide entre ses bras, osais-tu bien t'aventurer dans un pays étranger sans le secours de ton seul ami?

— Mon Dieu! s'écria Vénard touché jusqu'aux larmes, vous êtes une bien bonne nature.

— Je me suis voué à toi, dit l'Inconnu. Tu peux marcher, confiant et fort, et ta main dans la mienne. J'écarterai les broussailles de ton chemin, je déchirerai le testament mystérieux, je prouverai que le comte est un assassin et je te rendrai l'héritage de tes pères.

— Ce sera bien gentil de votre part.

L'Inconnu essuya une larme qui sillonnait son visage bronzé.

— Tu vas traverser d'abord la Vieille-Romancie, reprit-il en passant son bras sous celui d'Aristide, car ce pays se divise en plusieurs provinces. Il était fort borné autrefois. On n'y recevait que peu d'habitants, encore étaient-ils tous choisis entre les princes et les héros les plus célèbres. On se souvient du nom et des aventures de ces premiers

habitants : d'Artus et des chevaliers de la Table Ronde,
Palmérin d'Olive, Primaléon de Grèce, Perceforêt, Amadis,
Roland, Mélusine, et plusieurs autres dont les noms m'é-
chappent. On les voyait se signaler par mille exploits, pêle-
mêle avec les génies, les fées, les enchanteurs, les géants,
les endriaques, toujours combattant, jamais vaincus. Aussi
leurs succès faisaient-ils de la Romancie *le plus beau pays
du monde.*

Mais un si grand éclat ne manqua pas d'attirer beaucoup
d'étrangers dans le pays, entr'autres Pharamond, Cléopâtre,
Cyrus, Polixandre, etc., etc...

Les choses devaient dégénérer bien autrement par la
suite. On ne craignit pas d'admettre dans la Romancie des
aventuriers, des domestiques, des épiciers, des boulangers,
des fripiers, des voleurs de profession, faussaires, grin-
ches, argousins. On y vit aussi des femmes de mauvaise
vie, et même des avocats! si bien qu'on fut obligé d'établir
plusieurs départements.

Ces tours d'argent, ces palais de diamant, marquent la
limite du Royaume de la Chevalerie. Plusieurs monstres
aux langues de feu nous empêcheraient d'y pénétrer, parce
que j'ai oublié mon talisman. Mais en appuyant un peu
sur la gauche, nous entrons dans la Haute-Romancie.

VIII

Dictionnary pocket.

— Ah ! les jolies femmes ? s'écria Vénard.

— Elles ont un teint de lys et de roses, dit l'Inconnu.

— Mais il me semble apercevoir, derrière elles, comme de petits points rouges, blancs et jaunes.

Me sera-t-il permis d'adresser la parole à cette charmante brune, qui est si décolletée ?

— Sans doute ! mais en prenant bien garde de ne les choquer par aucune expression commune et vulgaire. Voici presque tous les mots qui composent leur vocabulaire : l'Amour et la Haine, Transports, Désirs, Alarmes, Espoirs, Plaisirs, Beauté, Cruauté, Perfidie, Jalousie, Je languis, Je meurs, Cœur, Sentiments, Espoir, Jouissance, Gazon, Charmes, Attraits, Appas, Enchantements, Félicité, Disgrâce, Verdure, Vœux, Serments, Tendresse, Formes, Satin, Brûlant, etc.

Avec ce petit vocabulaire, on n'a pas besoin de penser, et encore moins d'avoir de l'esprit.

— Courons ! s'écria Vénard, je brûle de me rapprocher de l'objet de mes désirs.

— Bravo ! s'écria l'inconnu.

— Elle efface tout ce que la nature a fait de plus beau ; c'est le chef-d'œuvre des Dieux, la mère des Grâces, elle enchaîne tous les cœurs ; on dirait Vénus même, et l'Amour s'y méprend !

IX

Aristide rencontre Manon l'Escot

La belle vint au-devant d'Aristide et il lui tendit la main.

— Vous semblez étonné, lui dit-elle, de la liberté de mes façons. Je me nomme Manon l'Escot (et non pas Lescaut comme on l'a prétendu depuis plusieurs années).

— Ah ! madame, vous jouissez d'une bien mauvaise réputation...

— C'est là le moindre de mes soucis. Croyez bien que si on publiait l'histoire de vos contemporaines, comme ce polisson de Prévost s'est permis de publier la mienne, peu de vertus résisteraient à cette épreuve. La femme la plus chaste serait au désespoir de n'avoir possédé qu'un seul homme. Bien mieux, il lui serait impossible de l'aimer, si la comparaison lui était interdite. La femme a les mêmes passions et les mêmes vices que l'homme, avec beaucoup moins d'énergie que lui pour y résister.

— Permettez-moi, madame, j'ai connu à Angoulême des personnes très-vertueuses. Ainsi, nous avons madame Simon...

— Vous n'étiez ni leur complice, ni leur confident, voilà tout. La femme la plus sincère en amour est toujours flattée des hommages qu'elle reçoit, même des indifférents. Elle aime à entretenir une passion, lors même qu'elle ne croit pas à son dénouement. C'est la conséquence du sentiment qui nous porte à mettre cinquante écus dans notre poche et cent écus dans notre tiroir quand le ciel nous en a envoyé cent cinquante.

— Le petit corps de réserve! Ah! mademoiselle Manon, vous n'avez pas volé votre réputation.

— C'est ce qui vous trompe, jeune homme. J'ai été très calomniée par les auteurs dramatiques.

Ces messieurs m'ont mise à toutes les sauces, et Dieu sait comme ils m'ont arrangée, les gredins! Desgrieux, c'était mon sentiment fixe, mais on n'a jamais vécu de ses appointements!

Aristide fit une moue significative.

— Madame, s'écria-t-il, vos paroles font rougir mon chapeau. Vous n'êtes qu'une *dame aux camélias*.

Et comme mademoiselle l'Escot s'apprêtait à lui arracher les yeux, l'Inconnu attira vivement Vénard d'un autre côté.

X

Quelques industries à la mode.

— Voici, mon cher ami, lui dit-il, le quartier des manufacturiers, tailleurs, arrangeurs et fripiers du pays. Les manufacturiers sont rares, mais les arrangeurs abondent. Ils sont classés par catégories.

Les souffleurs s'emparent d'un petit rien, d'un détail négligé par l'ouvrier et savent si bien l'enfler, en le soufflant, qu'ils en fabriquent un volumineux ouvrage.

Les ravaudeurs sont moins ingénieux. Tout leur art consiste à donner un air de nouveauté aux choses les plus vieilles et les plus usées. C'est le procédé qu'emploiera un jour l'écrivain qui doit publier notre voyage.

Les ravaudeurs ont pour auxiliaires quelques teinturiers qu'on appelle collaborateurs.

Les vrais peintres sont en très-petit nombre. Mais on trouve en revanche des enlumineurs étonnants. Toutefois, il ne faut rien leur demander de ressemblant ; ce n'est pas là leur métier. Ils exagèrent si bien ce qu'ils ont vu, qu'il est impossible de se représenter un objet quelconque d'après la description qu'ils en savent faire.

Ces derniers venus, qui se sont installés dans des boutiques neuves, nous donnent le dernier mot de l'artifice moderne. Poussés par cette soif de publicité qui prive de leurs commis tant de boutiquiers de province, n'ayant d'ailleurs ni l'imagination, ni la fécondité nécessaires, ces industriels s'emparent de l'œuvre d'un autre.

Ils changent les hommes en femmes — et réciproquement. Il est très-difficile de reconnaître un roman arrangé de la sorte. Je recommanderai ce procédé aux jeunes *fruits secs* de la littérature.

— Tous ces personnages me portent sur les nerfs, interrompit Aristide. Mêlons-nous plutôt à ces groupes de promeneurs.

LE BARON DE LUZZI

Ma sonnette! ma sonnette! Deux ans de ma vie pour connaître le secret de cette femme.

RAPHAEL

Dites donc, votre sonnette et vos jetons ressemblent singulièrement à mon petit morceau de peau de chagrin.

LE BARON DE LUZZI

Je n'ai rencontré qu'une femme vertueuse, et c'était une femme adultère!

VILLEFORT

J'ai vu des femmes adultères, mais aucune d'elles n'était vertueuse.

MODESTE MIGNON

Femmes, n'écrivez jamais à un poète! Ces gens-là sont plus intéressés et moins intéressants que les autres. J'écrivais à Canalis, et c'est Forneret qui m'a répondu!...

EDMOND DANTÈS

... Et le voile disparut à l'horizon! — C'est fort bien, mais voilà pas mal d'années que je reste célibataire. Voyons, Dumas, décidez-vous. Vous avez promis de me *faire faire une fin.*

TOLLA

Je voudrais bien savoir comment Stendhal a fait ses chroniques italiennes, et si les faiseurs de romans historiques ont toujours été gens à scrupules. Croiriez-vous qu'on a voulu me contester mon origine? La femme était Italienne, c'est possible, mais le roman est Français.

MADAME DE MORTSAUF

Il serait très-beau de mourir d'un amour refoulé, si la vertu était exempte de toute hystérie. L'amour est plein de poésie, mais le dessèchement!

GEORGES LESTER

Uniquement occupé du désir de plaire, elle me protestait sans cesse de son amour; et chaque soir, elle était entourée de ténors de passage et d'une bande empressée des oisifs de la ville! O femmes, que vous faut-il donc, puisque l'amour le plus sincère et le plus entier ne peut vous suffire?

INDIANA

Quel dommage que l'homme qui nous épouse devienne fatalement notre mari !

MARGUERITE DE BOURGOGNE

Beau cavalier, deux mots!

BURIDAN, *qui passe en fredonnant*

Madame à sa tour monte,
Mironton, tonton... etc.

XI

Où il est prouvé qu'il n'y a que les montagnes qui ne se rencontrent jamais.

— Oh! oh! s'écria Aristide, que va-t-il se passer?

Mais l'Inconnu l'attira vivement dans une rue déserte.

— Jeune homme, lui dit-il, il serait oiseux d'écouter plus longtemps ces futilités. La vie est une vallée de larmes. Préparez-vous à supporter de terribles assauts.

Aristide releva la tête. Son front s'illumina d'un nuage de terreur.

— Mettez la main sur mon cœur, dit-il avec emphase, et si vous le sentez battre, n'attribuez cette agitation qu'à la crainte!

— C'est bien, dit l'Inconnu. Vous me trouverez en temps et lieu.

Et il disparut.

Aristide, resté seul, s'abandonna à des pensers amers.

— Mon Dieu! murmurait-il, j'aurais peut-être mieux fait de rester à Angoulême!

Il leva les yeux au ciel; mais son regard s'arrêta au premier étage d'une maison qni se trouvait placée en face de lui.

Une jeune femme était accoudée à la balustrade du balcon.

Et cette femme c'était Eulalie !

Vénard poussa un cri, et fit un pas pour s'élancer en avant, mais Eulalie mit un doigt sur ses lèvres pour lui recommander le silence.

Elle disparut un instant et revint avec une échelle de soie qu'elle déploya rapidement.

En deux bonds, Aristide se trouva dans ses bras. Elle était entourée de plusieurs enfants en bas-âge, qui jouaient sur le tapis de son appartement.

— M'aurais-tu été infidèle ? demanda Vénard.

Eulalie rougit visiblement.

— Cette question est une injure, s'écria-t-elle.

— Mais ces enfants ?

— Je les ai adoptés, voilà tout. O mon Vénard, serais-tu indigne de compromettre mon cœur ?

Aristide se jeta aux pieds d'Eulalie, et s'excusa de ses soupçons.

XII

L'enlèvement.

Minuit venait de sonner à l'horloge de Saint-Claude-le-Limousin.

La chaise de poste attendait à l'angle du Marché-aux-Veaux.

Une femme masquée et vêtue de noir ouvrit brusquement la portière et la referma sur elle.

La voiture partit au galop.

— Arrêtez! arrêtez! cria la dame.

Mais le postillon fouettait toujours.

— Arrêtez! vous dis-je, voulez-vous faire mourir une pauvre femme?

Mais le postillon fouettait toujours.

Quand la voiture eut laissé derrière elle les faubourgs de la ville, il descendit enfin de son siége.

— Rassurez-vous, madame, dit-il à voix basse, Aristide ignore toujours que, pressée par les sollicitations de votre famille, vous êtes devenue l'épouse d'un autre! Mais l'infortuné, en butte à la jalousie du comte, a été conduit aujourd'hui même au donjon des Treize-Tours.

— Pitié, mon Dieu! pitié! murmura la voyageuse.

— Rassurez-vous, continua le postillon, dans une demiheure, Vénard sera ici. Vous pouvez ajouter foi à mes paroles, je suis l'Inconnu...

XIII

L'évasion.

Abandonnons pour un instant la misérable Eulalie, et retournons à notre héros.

Aristide, jeté brusquement au fond du cachot, et n'ayant d'autre distraction qu'une cruche d'eau et une botte de paille, s'empressa de casser la cruche.

Muni d'un morceau de grès, il se mit à l'ouvrage. La muraille avait tout au plus six mètres d'épaisseur. Au bout de quelques minutes, Vénard avait creusé un trou assez large pour y passer le corps.

Il égorgea trois sentinelles et sauta par-dessus le parapet.

Il tomba heureusement sur un brin de paille qui se trouvait là, et se mit à courir à toutes jambes.

Un moment après il était assis à côté d'Eulalie.

Et la voiture repartit au galop.

CONCLUSION

Ce jour-là, la ville d'Angoulème avait revêtu ses habits

de fête. Les cloches sonnaient à toute volée. La joie était peinte sur tous les visages.

Le testament du père Vénard avait été retrouvé, et on venait de célébrer le mariage d'Eulalie avec Aristide, qui avait fait teindre son chapeau.

L'Inconnu s'était aussi fait connaître.

C'était lord Palmerston.

Laura était entrée aux Filles-Repenties.

Les décrets de la Providence sont impénétrables!

En foi de quoi, j'ai signé le présent certificat.

TABLETTES D'UN VOYAGEUR

TABLETTES D'UN VOYAGEUR

DÉDICACE

A Monsieur, Monsieur Edme Durascier, poitrinaire
À PAU (Basses-Pyrénées).

PERMETTEZ-MOI, monsieur, de vous dédier ce récit humoristique en souvenir des folles gaîtés que nous devons, mon ami Lambert Thiboust et moi, à votre présomptueuse vanité et à ma mauvaise éducation. J'espère que vous serez touché de cette marque de sympathie, et qu'il vous paraîtra convenable de m'envoyer le plus tôt possible une tabatière enrichie de diamants. Cet article pourrait aussi s'intituler : *Courses dans la Montagne;* ou encore : *Quinze jours dans les Pyrénées;* mais je l'ai intitulé : *Tablettes d'un Voyageur;* parce que je suis libre et que je ne dois compte à personne de mes préférences.

A vous de cœur,

A. S.

ITINÉRAIRE

Pour aller de Paris à Pau, on prend d'abord l'express de Bordeaux, puis le train de Bayonne qui vous dépose à Dax. Une fois à Dax, on monte dans le coupé d'une diligence (coupé qu'on peut obtenir au prix de la banquette, en insistant un peu), et on arrive enfin à Pau, où l'on s'empresse de descendre dans le premier hôtel venu, parce que, — à Pau, — tous les hôtels sont bons, excepté huit ou dix.

LA VÉRITÉ SUR PAU

La température de la ville de Pau jouit en Angleterre d'une excellente réputation. Aussi les têtes anguleuses, les joues creusées abondent-elles dans la patrie d'Henri IV. On prétend que les poitrinaires y vivent jusqu'à cent cin-

quante ans, c'est-à-dire deux ou trois années de moins
que l'âge actuel de M. Charles Rabou. Il est pourtant impossible que cette réunion d'haleines malades n'emplisse
pas l'atmosphère de miasmes contagieux ; aussi les naturels
du pays gagnent-ils le plus souvent les affections que les
étrangers viennent y guérir.

Je n'ignore pas que c'est toujours une chose grave que
de toucher à une ville ou à une population. Il m'en a déjà
coûté pour avoir commis cette imprudence ; mais il n'est
rien qu'un écrivain convaincu ne doive braver pour éclairer
le peuple. Je dis le peuple par habitude, car ce récit ne
s'adresse évidemment qu'à l'aristocratie. Il est rare, en
effet, que le peuple proprement dit ait des moyens de se
payer un hiver à Nice ou à Bagnères.

Le *Mémorial des Pyrénées*, gazette de la localité, publie
en guise de premier-Pau, un tableau comparatif de la température de Pau et de celle de Paris.

Voici un spécimen de ce tableau :

AVRIL			
1	Pau	Grande pluie	Paris	Beau
2	Id.	Froid vif	Id.	Soleil
3	Id.	Pluie	Id.	Sec
4	Id.	Grand vent	Id.	Beau
5	Id.	Pluie	Id.	Beau

Il faut croire que, Lambert et moi, nous n'avons pas eu de chance, car le spécimen est exact.

En outre, comme dans tous les pays censés chauds, on ne trouve des cheminées que dans les cuisines.

UNE STATUE APOCRYPHE

Mais ce n'est pas tout encore. Il est un fait plus grave et que je crois de mon devoir de porter à la connaissance des populations.

Au milieu de la Place Royale s'élève une statue, sur le piédestal de laquelle une main trompeuse a tracé ces mots patois :

LOU NOUSTE HENRIC

Eh bien ! non, ce n'est pas la statue d'Henri IV. On trompe les asthmatiques, on se joue de la crédulité des poitrinaires. Ce n'est pas la statue d'Henri IV, puisque c'est celle d'Émile Augier.

La société des auteurs dramatiques le reconnaîtra facilement. Quant à moi, j'ai fait mon devoir.

CAS DE MADAME VALDEMAR

Une femme d'un certain âge était assise sur un banc à côté du monument.

Lambert voulut prendre auprès d'elle quelques informations.

— Henri IV était-il aimé dans le pays? demanda-t-il.

— Ah! monsieur, répondit la Basquaise, tous ceux qui l'ont connu le regrettent.

— Pourriez-vous me montrer quelqu'un de ceux qui l'ont connu?

— Certainement, dit la Basquaise. Voulez-vous voir sa maîtresse?

— Laquelle?

— Mademoiselle Fleurette.

Lambert me regarda d'un air ébahi.

— Suivez-moi, ajouta mystérieusement l'inconnue.

Nous descendîmes le chemin qui conduit aux bords du Gave, et, après avoir côtoyé le torrent pendant quelques minutes, nous arrivâmes à une espèce de hutte adossée au rocher. L'inconnue poussa la porte, et nous aperçumes une femme d'un âge impossible, agenouillée devant un portrait d'Émile Augier.

Comment l'auteur de *La Ciguë* a-t-il pu arriver à partager la popularité du roi vaillant? Je laisse à des commentateurs plus habiles que moi le soin d'expliquer ce mystère.

La vieille femme nous demanda quelque argent pour mettre la poule au pot.

Il fut satisfait à cette exigence, et nous continuâmes d'explorer le pays.

ASPECT DU PAYS

Il n'est plus permis d'en douter, les Pyrénées existent, je les ai vues. Il est également vrai qu'elles séparent la France de l'Espagne. Les géographes ne sont pas imposteurs.

Les montagnes sont couvertes de lacs et de glaciers, sillonnées de torrents et hérissées de rochers ridicules par leur grandeur. La plus grande partie est à l'état de lande, et quand un homme sérieux voit tout ce terrain perdu par les grimaces de la nature, il ne peut s'empêcher de s'écrier douloureusement :

— Pyrénées, pourquoi séparez-vous la France de l'Espagne? Ces deux pays y perdent. Vous n'ignorez pas que vos Eaux Bonnes et vos Eaux Chaudes sont des inventions d'hôtelier. Allez-vous-en, Pyrénées! Si l'on veut voir des montagnes, on ira en Suisse!...

LA TABLE D'HOTE

Chaque soir, à six heures, la cloche des hôtels sonne le dîner. Lambert ne se fit pas sonner deux fois, et je le trouvai assis à côté d'un vieillard chauve et cauteleux. Il s'occupa d'abord de trouver des noms pour chacun des convives, afin de ne pas les confondre dans nos récits. Ces messieurs furent appelés d'après des ressemblances bizarres : faux *Siraudin*, faux *Delacour*, faux *Louis XVIII*, etc., etc.

Une jeune dame anglaise, accompagnée de son époux dont le foie se trouvait en mauvais état, et enfin un certain M. Beauvivier, célibataire de la ville, complétaient le personnel de la table d'hôte.

(On sert le potage.)

M. BEAUVIVIER, *à l'Anglaise*. — Madame, savez-vous pourquoi les Pyrénées sont couvertes de neige?

L'ANGLAISE. — No.

M. BEAUVIVIER. — Et vous, messieurs?

(Personne ne dit mot.)

M. BEAUVIVIER. — Parce que l'air des montagnes est très-vif et qu'il faut toujours s'y couvrir.

LE FAUX LOUIS XVIII, *riant*. — Très-joli!

LE FAUX SIRAUDIN, *à son voisin*. — Monsieur est-il poitrinaire?

LE FAUX DELACOUR. — Non, monsieur.

UN FAUX MONSELET (que nous n'avions pas vu en entrant.) — Ce bouillon est excellent.

(On sert les entrées.)

M. BEAUVIVIER, *à Lambert*. — Vous êtes sans doute voyageur de commerce?

LAMBERT. — Non, monsieur, je suis gendarme.

M. BEAUVIVIER, *surpris.* — Je vous en fais mon compliment.

LE FAUX LOUIS XVIII. — J'en ai connu un à Senlis.

LE FAUX SIRAUDIN. — Monsieur a-t-il le foie attaqué?

LE FAUX DELACOUR. — Non, Monsieur.

LE FAUX SIRAUDIN. — Une pleurésie?

LE FAUX DELACOUR. — Non, monsieur.

LE FAUX MONSELET. — Ces truites sont délicieuses.

M. BEAUVIVIER. — On les pêche dans le Gave. Il paraît que ces poissons remontent des chutes d'eau de soixante-dix pieds. Y en a-t-il en Angleterre, madame?

L'ANGLAISE. — Oh oui... en Ecosse.

M. BEAUVIVIER. — En Écosse... Est-il vrai qu'on n'y porte pas de culottes?

L'ANGLAISE, *poussant des cris affreux.* — Ah!... shoking... vous, polissonne!...

LE FAUX MONSELET. — Le bœuf est savoureux.

M. BEAUVIVIER. — Ah! madame, je suis désolé... j'avais oublié l'acception de ce mot dans la langue d'Albion...

L'ANGLAISE *se remettant.* — Ah! vilain... vilain.

(Elle prend du bœuf pour la quatorzième fois.)

M. BEAUVIVIER. — Pourquoi ne peut-il pas y avoir de monarchie dans les planètes?

(Silence général.)

LE FAUX SIRAUDIN. — Monsieur est peut-être paralysé?

LE FAUX DELACOUR. — Non, monsieur.

M. BEAUVIVIER. — Il ne peut pas y avoir de monarchie dans les planètes, parce qu'elles accomplissent toutes une révolution.

LE FAUX LOUIS XVIII. — Très-joli.

LE FAUX MONSELET. — Ces petits pois sont exquis.

LE FAUX LOUIS XVIII. — Y a-t-il des ours dans les Pyrénées ?

M. BEAUVIVIER. — Par troupeaux, monsieur, par troupeaux !... Il y a même des histoires terribles que je pourrais raconter aux voyageurs imprudents. Mais l'histoire la plus curieuse de toutes est, sans contredit, celle d'une charbonnière qui fut enlevée par un ours, le 11 juillet 1833, à sept heures cinq minutes du soir. Cet ours l'avait remarquée depuis quelque temps et n'attendait qu'une occasion de faire le coup. En effet, monsieur, cet animal déréglé emporta la jeune femme dans son antre. Il lui fit un lit de feuilles sèches, et, chaque matin, en partant pour la chasse, il roulait une grosse pierre à l'entrée de la caverne. Enfin, la charbonnière, outrée de tant de noirceurs, trouva moyen d'écrire à son mari...

LAMBERT. — Quel moyen, monsieur !

M. BEAUVIVIER. — Je l'ignore. Tout ce que je sais, c'est que son mari reçut une lettre et alla, accompagné de ses parents, chercher la charbonnière dans la montagne.

LE FAUX LOUIS XVIII, *attendri*. — Pauvre femme !

M. BEAUVIVIER. —Et on trouva dans la caverne un petit monstre, moitié ours, moitié charbonnier (1).

LE FAUX LOUIS XVIII, *repoussant son assiette.* — Ah! monsieur, que me dites-vous là !

(Il baisse les yeux en rougissant.)

M. BEAUVIVIER, *l'examinant.* — Tiens ! vous avez un pantalon collant... c'est fort bien porté... c'est presque aussi joli que les anciennes culottes...

L'ANGLAISE, *en délire.* —Oh !... crudelity... polissonne !...

(Elle se tord les bras. On lui fait respirer du vinaigre.)

M. BEAUVIVIER, *désolé.* — Mille pardons, madame... Maudite expression !... je suis confus...

LE FAUX LOUIS XVIII. — Garçon ! donnez-moi du vinaigre... de celui où cette dame a mis le nez...

LE FAUX SIRAUDIN. — C'est peut-être un rhumatisme qui vous amène ici ?

LE FAUX DELACOUR. —Vous m'embêtez.

LE FAUX MONSELET. — Ces beignets sont suaves !

M. BEAUVIVIER. — En effet, monsieur, cet hôtel est fort bien tenu...

LE FAUX LOUIS XVIII. — On se nourrit bien dans ce pays.

(1) Cette histoire nous a été racontée par un habitant de Pau, qui ne nous a pas paru plus bête qu'un autre. Elle se trouve, du reste, dans le *Guide du Voyageur* qui se vend à Pau.

M. BEAUVIVIER. — Admirablement. Je dînerai demain chez un propriétaire des environs...

LE FAUX LOUIS XVIII. — Et vous boirez du Jurançon?

M. BEAUVIVIER. — C'est le meilleur vin que je connaisse... aussi je compte m'en donner une culotte...

L'ANGLAISE, *poussant des cris.* — Ah!... horrible!... horrible man!

(Elle s'évanouit.)

LE FAUX MONSELET. — Ce gruyère est sublime.

(Le faux Delacour s'essuie les lèvres et s'en va.)

LE FAUX SIRAUDIN, *à voix basse.* — Cè monsieur paraît bien mal.

M. BEAUVIVIER. — Ces Anglais sont insupportables!

LE FAUX MONSELET. — Garçon, du cognac!

LAMBERT. — Pourriez-vous, monsieur, m'indiquer un débit de tabac?

M. BEAUVIVIER. — Oui, monsieur, vous en avez un là... au coin de la rue de la Préfecture.

En effet, nous aperçûmes à l'endroit indiqué l'enseigne suivante :

GRÉSILLÉ

Marchand épicier, droguiste et de tabac.

CHAMBRE N° 18.

Le lendemain, vers neuf heures du matin, je dormais

de mon premier sommeil, quand on vint frapper à la porte de ma chambre. Il faut vous dire, avant tout, que j'avais obtenu au poids de l'or un poêle dont le tuyau allait se perdre dans la chambre de Lambert qu'il était censé réchauffer.

Je fus sourd d'abord à l'appel du visiteur ; mais il se mit à frapper de plus belle.

— Entrez !

Et il entra, ce grand jeune homme, vêtu d'habillements d'un noir sale et crasseux. Ses cheveux se collaient timidement sur sa tête. Sa démarche avait quelque chose d'indécis. Un sourire faux et bas traçait une ligne profonde sur chacune de ses joues. Il tenait à la main un chapeau de mérinos noir de l'espèce de chapeaux connus sous le nom de *Gibus à trois francs*.

— Monsieur, dit-il, je suis homme de lettres.

— Vous êtes homme de lettres, et vous êtes levé à neuf heures ? Vous irez loin, monsieur.

— C'est que je suis également commis-marchand... de sorte qu'il m'a fallu prendre, pour vous rendre visite, l'heure où mon comptoir me laisse libre.

— Voilà qui est fort bien, monsieur, et en qualité de confrère j'espère que vous voudrez bien appeler Joseph...

— Qu'est-ce que c'est que Joseph ?

— C'est le garçon de l'hôtel... les matinées sont fraîches... il allumera le feu.

— Pourquoi vous déranger ? je l'allumerai bien moi-même.

— Comment, vous auriez la bonté ?

— Mais j'en serai flatté.

Il alluma le feu, ce grand jeune homme ; mais comme il était très-occupé à souffler dans le poêle, il renversa la chaise sur laquelle reposaient mes vêtements.

— Bon ! m'écriai-je avec humeur, il faudra me brosser pendant une heure.

— Oh ! monsieur, dit l'inconnu avec componction, vous n'aurez pas cette peine... J'ai commis la maladresse, c'est à moi de la réparer.

Un éclair de joie alluma mes prunelles endormies. Mes habits allaient donc être brossés ! Depuis longtemps il n'avaient été à pareille fête.

En effet, le grand jeune homme prit une brosse et s'acquitta à merveille de son office.

— Voilà ! dit-il, quand tout fut fini.

— Merci bien. Fumez-vous ?

— Jamais.

— Alors je vais fumer tout seul. Voulez-vous ouvrir le deuxième tiroir de la commode ?... Bien... Voyez-vous des cigares ?

— Je ne vois que cela.

— Faites-m'en passer deux ou trois... et des allumettes...

— Merci !... et ma robe de chambre !

— Voilà.

— Seriez-vous assez bon pour approcher mes pantoufles?

— Les voici.

— Vous êtes la complaisance même. Maintenant, ouvrez la porte et appelez Madeleine... c'est la lingère de l'hôtel... Je lui ai donné mon gilet pour y recoudre un bouton et elle ne l'a pas encore rapporté.

— Madeleine ! Madeleine !

— Elle ne répond pas?

— Non.

— Appelez-la Isabelle.

— Mais si elle s'appelle Madeleine?

— Raison de plus... ça la changera.

— Isabelle !

— Au fait, je ne me rappelle pas trop son nom.

— Que ne le disiez-vous tout de suite? Je vais aller chercher votre gilet.

Le grand jeune homme sortit et revint peu après, tout essoufflé, tant il avait franchi rapidement les distances.

— C'est le troisième étage, ici? me demanda-t-il.

— Oui, monsieur, c'est bien le troisième étage... soixante-quinze marches seulement... Vous êtes fatigué?

— Pas le moins du monde.

— J'ai à me faire la barbe... voulez-vous mettre de l'eau à chauffer ?

— Avec plaisir.

Il mit la bouilloire devant le poêle.

— Par Pluton ! monsieur, vous avez une raie admirable...
je n'ai jamais su me faire la raie; moi.

— C'est pourtant bien facile.

— Vous en parlez à votre aise.

— Oh ! mon Dieu, si vous vouliez...

— Quoi donc ? dis-je négligemment pour dissimuler mes
espérances.

— Que je vous la fasse ?

— Mais comment donc ! avec plaisir.

Le grand jeune homme me coiffa avec un soin minu-
tieux.

Je jetai les yeux autour de moi; il n'y avait plus rien à
faire.

— Et maintenant, monsieur, dis-je d'un ton sévère, qui
demandez-vous ?

Il me regarda d'un air surpris.

— Je demande M. Lambert Thiboust.

— Mais ce n'est pas moi, monsieur... M. Thiboust occupe
la chambre voisine... Vous venez me réveiller... on n'a pas
l'idée d'une pareille maladresse !

— Oh ! monsieur, je suis confus... je vous fais un million
d'excuses...

— Un million, c'est trop... je vais vous en rendre.

— Pardon, encore une fois.

Le grand jeune homme s'inclina profondément et entra
dans la chambre de Lambert. Celui-ci, plongé dans une

16

demi-somnolence, ruminait un chœur de sortie qui a obtenu quelque succès. Voici ce chœur :

L'amour est un Dieu malin
Qu'on peut voir soir et matin.
Il tient un arc
Dans un parc.

CHAMBRE N° 19.

— Qui va là? s'écria Lambert troublé dans ses méditations.

— C'est moi, monsieur.

— Qui, vous?

— L'auteur du *Pain à cacheter.*

— Qu'est-ce que c'est que *Le Pain à cacheter.*

— C'est une pièce en deux actes. Je vais vous la lire, et si vous en êtes content, vous la ferez jouer sous mon nom et je vous donnerai quelque chose.

— Vous êtes bien bon.

— Voici le sujet. C'est un homme qui vient d'écrire une lettre et qui n'a pas de pain à cacheter. Il va en emprunter un à une jeune fille qui demeure sur le même palier que lui. Il en devint amoureux et il l'épouse.

— C'est assez piquant.

— C'est ce qu'on m'a déjà dit. Alors cette pièce marchera. Je vais vous la laisser. Maintenant, en voici une autre. Le titre me paraît heureux :

UN ACCOUCHEMENT AU XV⁰ SIÈCLE

OU

L'AMOUR-PROPRE A MONTPELLIER.

— C'est un drame, sans doute ?

— Vous l'avez deviné. C'est l'histoire d'un homme qui croit sa femme coupable. Aveuglé par l'amour-propre, il refuse de reconnaître son enfant. Son beau-père lui donne sa malédiction et il va se réfugier chez une de ses tantes.

— C'est un drame de famille ?

— Précisément. Une fois chez sa tante, il devient amoureux de sa cousine, mais celle-ci est éprise de son beau-père, qui est veuf. Sur ces entrefaites, arrive un aide-de-camp du roi, qui ravage le pays et emporte l'enfant après avoir mis le feu à quatre chapelles. Le malheureux époux est obligé de quitter Montpellier. Ici s'arrête le premier acte.

— Monsieur, interrompit Lambert d'un ton grave, vous croyez parler à un auteur dramatique. Eh bien ! on vous a trompé. Que ceci reste entre nous, je vous en prie : je m'appelle Villebrequin et je voyage pour les garnitures de boutons... Je vois à votre visage que vous n'en avez pas besoin. Par conséquent, mieux vaut nous séparer tout de

suite que prolonger plus longtemps une double mystifi-
cation.

> Vide pedes, vide manus,
> Noli esse incredulus.

Il dit, et saisissant le grand jeune homme par les épaules,
il le précipita dans l'escalier.

LE POÈME DU CODE CIVIL

Il était à peine onze heures que tout le monde avait déjà
pris place autour de la table. M. Beauvivier avait la parole.

— Que pensez-vous de mon idée? demandait-il.

— Elle est superbe, répondit le faux Louis XVIII.

— Voilà ce que c'est, messieurs, nous dit M. Beauvivier, après nous avoir adressé un salut protecteur. Vous
savez tous combien l'étude du droit est aride. Heureusement que l'idée m'est venue de demander à la poésie un
secours contre la stérilité des sept codes. En un mot, j'ai
mis en vers le livre de nos lois.

— Cela doit être charmant, dit Lambert.

— Je vais vous en donner une idée.

M. Beauvivier toussa légèrement et se mit à chanter :

TITRE II. — *Des Ajournements.*

ARTICLE 1er

AIR : *Reçois dans ton galetas.*

Dans tous les ajournements
Libellez votre demande,
Et concluez clairement,
Sans quoi vous paierez l'amende,
Laquelle sera de vingt francs,
Sans espoir de retranchements.

— Tout le monde voudra être notaire ou huissier, dit le faux Siraudin.

M. Beauvivier continua :

ARTICLE 4

AIR : *Les dehors les plus séduisants.*

Il faut toujours qu'un bon huissier,
Alors qu'il ne trouve personne,
Affiche, et puis fasse signer
Aux voisins les exploits qu'il donne.
Et s'il n'en est point sur les lieux,
Le juge, ou bien en son absence,
Le praticien le plus vieux
Le paraphera sans dépense.

— C'est ravissant ! s'écria le faux Louis XVIII.

— Ecoutez ce dernier !

TITRE VIII. — *Des Garants.*

AIR : *L'amant frivole et volage.*

Pour l'appel en garantie,
Les délais sont de huit jours,
Du moment qu'on signifie
Jusqu'à celui...

— Ah ça, monsieur, nous laisserez-vous déjeuner, sacrebleu ! s'écria le faux Delacour.

— Mais, monsieur, riposta Beauvivier d'un ton aigre, si la majorité veut de ma poésie...

— On n'est pas à table pour chanter.

— Soit. Je donnerai une soirée à ces messieurs aujourd'hui même, et je leur chanterai les sept codes. Quant à vous, je ne vous invite pas !...

SENSIBILITÉ DES CUISINIERS.

En sortant de table, j'entrai dans la cuisine de l'hôtel sous prétexte d'allumer mon cigare. Au fond, je n'étais pas fâché de m'assurer par moi-même de la propreté des employés.

Une vingtaine de canards, serrés les uns contre les autres, entouraient la cheminée.

— Que voulez-vous faire de toutes ces volailles ?

— Du pâté de foie, monsieur, répondit le chef.

— Combien de temps gardez-vous ces canards?

— On les garde jusqu'à ce qu'ils étouffent.

— Et pourquoi étouffent-ils?

— Parce qu'on ne leur donne pas à boire. Ils ont à manger tant qu'ils en veulent, mais pas une goutte d'eau. Par ce moyen, ils engraissent d'une manière étonnante. Aussi, quand ils entendent remuer un peu d'eau dans un fond de terrine, il faut les voir arriver, le bec badant et les ailes en l'air?

— Mais c'est horrible !

— C'est horrible, mais c'est bon.

— Et là... qu'est-ce donc qui remue au fond de cette marmite ?

— Ce sont des écrevisses.

— Mais elles sont vivantes?

— Certainement... Mais quand l'eau va commencer à chauffer, elles passeront de vie à trépas. Restez un moment, vous allez les voir se débattre.

— Et pourquoi ce supplice?

— Ça les rend plus tendres.

— On devrait donc employer ce moyen pour les cuisiniers?

— Hé ! monsieur, répondit le chef avec dédain, depuis le temps qu'on les fait cuire comme ça, elles doivent en avoir l'habitude !

Deux jours après, l'impériale d'une diligence nous entraînait loin de ce pays charmant, et nous venions rétablir à Paris notre santé chancelante.

TABLE

—

FIN

CATALOGUE

DE LA LIBRAIRIE

POULET-MALASSIS ET DE BROISE

—

AOUT 1858

—

Bibliothèque Moderne

—

LES OUBLIÉS ET LES DÉDAIGNÉS, figures littéraires du XVIIIe siècle, par Ch. Monselet (*Linguet — Mercier — Dorat-Cubières — Olympe de Gouges — Le Cousin Jacques — Le Chevalier de la Morlière — Le Chevalier de Mouhy — Desforges — Gorgy — La Morency — Plancher-Valcour — Baculard d'Arnaud — Grimod de la Reynière*), 2 vol.   5 fr.

LETTRES D'UN MINEUR EN AUSTRALIE, par Antoine Fauchery, 1 vol.   2 fr. 50

LES FLEURS DU MAL, par Charles Baudelaire, 1 vol. (épuisé).

POÉSIES COMPLÈTES de Théodore de Banville (*Les Stalactites ; Odelettes ; Le Sang de la Coupe, La Malé-*

diction de *Vénus*, etc.), in-12, avec une eau-forte titre, dessinée et gravée par Louis DUVEAU, 1 vol. 5 fr.

COURONNE, histoire juive, par ALEXANDRE WEILL, 1 vol. 2 fr.

LETTRES FAMILIÈRES ÉCRITES D'ITALIE A QUELQUES AMIS, DE 1739 A 1740, par CH. DE BROSSES, avec une étude littéraire et des notes par HIPPOLYTE BABOU. (Seule édition sans suppressions). 2 vol. 6 fr.

MÉMOIRES DU DUC DE LAUZUN, publiés pour la première fois, avec les passages supprimés et les noms propres, introduction et notes de LOUIS LACOUR, 1 vol. 4 fr.

SOPHIE ARNOULD, d'après sa correspondance et ses mémoires inédits, par ED. et J. DE GONCOURT, 1 vol. 2 fr.

LES PAIENS INNOCENTS, nouvelles, par HIPPOLYTE BABOU (*La Gloriette — Le Curé de Minerve — Le dernier Flagellant — L'Hercule chrétien, Jean de l'Ours — Histoire de Pierre Azam — La chambre des belles saintes*), 1 vol. 3 fr.

ESSAIS SUR L'ÉPOQUE ACTUELLE. — LIBRES OPINIONS MORALES ET HISTORIQUES, par EMILE MONTÉGUT (*Du Génie français — La Renaissance et la Réformation — Des Controverses sur le XVIIIe siècle — De la Toute-Puissance de l'Industrie — De l'Individualité humaine dans la Société moderne — De l'Idée de monarchie universelle — De l'Homme éclairé — De l'Italie et du Piémont — Fragment sur le Génie italien — Werther — Hamlet — Confidences d'un Hypocondriaque*), 1 vol. 3 fr.

POÉSIES COMPLÈTES de LECONTE DE LISLE (*Poèmes antiques — Poèmes et Poésies*, ouvrages couronnés par l'Académie française — *Poésies nouvelles*), in-12, avec une eau-forte, dessinée et gravée par Louis Duveau, 1 vol.   4 fr.

Pour paraître en 1858.

—

Théophile Gautier : *Honoré de Balzac*, avec un portrait gravé à l'eau-forte, par E. Hedouin, 1 vol. — Mercier : *Le Nouveau Paris*, avec une introduction et des notes de Louis Lacour, 2 vol. — Maxime Ducamp : *En Hollande, lettres à un ami*, suivies des catalogues des musées de Rotterdam, La Haye et Amsterdam, 1 vol. — Cervantès : *Nouvelles*, traduites par Pierre Hessein et Filleau de Saint-Martin, nouvelle édition entièrement revue et corrigée, comprenant la nouvelle du *Licencié Vidriera*, traduite pour la première fois par Charles Romey, 1 vol. — La Grange-Chancel : *Les Philippiques*, réimprimées sur l'exemplaire du Régent, précédées de *Mémoires* pour servir à l'histoire de La Grange-Chancel et de son temps, en partie écrits par lui-même; notes historiques et littéraires de M. de Lescure ; etc., etc.

Livres de Formats divers

—

LA DÉFECTION DE MARMONT EN 1814, ouvrage suivi d'un grand nombre de documents inédits ou peu connus, d'un précis des jugements de Napoléon 1er sur le maréchal Marmont, d'une notice bibliographique avec extraits de tous les ouvrages publiés sur le même sujet, par Rapetti, 1 vol. in-8°   6 fr.

Ce livre a été honoré de la souscription de M. le Ministre d'État et de la maison de l'Empereur pour les bibliothèques de la Couronne.

ODES FUNAMBULESQUES, par Théodore de Banville, avec une eau-forte de Bracquemond, d'après un dessin de Voillemot, initiales et fleurons imprimés en rouge, 1 vol. in-8°   5 fr.

PARIS ET LE NOUVEAU LOUVRE, ode, par Théodore de Banville, in-8°   50 c.

LA LORGNETTE LITTÉRAIRE, DICTIONNAIRE DES GRANDS ET DES PETITS AUTEURS DE MON TEMPS, par Ch. Monselet, 1 vol. in-16.   2 fr. 50 c.

DU GÉNIE FRANÇAIS, par Emile Montégut, 1 vol. in-16.   1 fr.

LE COMTE GASTON DE RAOUSSET-BOULBON, SA VIE ET SES AVENTURES, D'APRÈS SES PAPIERS ET SA CORRESPONDANCE, par Henry de la Madelène, 1 vol. in-12.   2 fr.

PHILOSOPHIE DU SALON DE 1857, par Castagnary, 1 vol. in-8° sur papier vergé.   2 fr.

Pour paraître en octobre 1858.

—

EMAUX ET CAMÉES, par Théophile Gautier, 2ᵉ édition augmentée, avec une eau-forte en-tête de E. Thérond.

Pour paraître en décembre 1858.

—

HISTOIRE POLITIQUE ET LITTÉRAIRE DE LA PRESSE EN FRANCE, avec une introduction historique sur les origines du *Journal* et la *Bibliographie* générale des

Journaux depuis leur origine, par Eugène Hatin, 4 vol. in-8º. — Un volume tous les trois mois. — Prix de chaque volume,   6 fr.

CORRESPONDANCES INÉDITES DE PIRON, de Mlle de Bar, femme de Piron, et de Mlle Quinault, de la Comédie Française, suivies de Poésies inédites de Piron, 1 vol. in-8º avec fac-simile.   6 fr.

Pour paraître en janvier 1859.

—

HISTOIRE DE SOIXANTE ANS, par Hippolyte Castille, 10 vol. in-8º. — Un volume tous les trois mois. — Prix de chaque volume,   5 fr.

Publications à petit nombre

—

HISTOIRE DU SONNET POUR SERVIR A L'HISTOIRE DE LA POÉSIE FRANÇAISE, par Ch. Asselineau, 2e édition, in-8º.   3 fr.

Tiré à 150 exemplaires sur papier vergé.

JEAN DE SCHELANDRE, POÈTE VERDUNOIS (1585-1635) étude littéraire suivie de la réimpression des *Gayetés;* d'après le seul exemplaire connu, par Charles Asselineau, 2e édition, in-8º.   3 fr. 50

Tiré à 120 exemplaires sur papier vergé.

LES MÉMOIRES DE Mme DE LA GUETTE, par Hippolyte Babou, in-8º.   1 fr.

Tiré à 50 exemplaires sur papier vergé. — Cette spirituelle appréciation est imprimée même format et même papier que l'édition des *Mé-*

——

En vente le 10 septembre :

LA DOUBLE VIE

NOUVELLES

Par CHARLES ASSELINEAU

Avec un frontispice gravé sur bois, par Adrien LAVIEILLE, d'après un dessin de Louis DUVEAU.

——

Le Cabaret des Sabliers — L'Auberge — Les Promesses de Timothée — Mon Cousin Don Quixote — Le Roman d'une Dévote — Le Mensonge — Le plus beau temps de ma vie — La Jambe — La Seconde Vie — L'Enfer du Musicien — Le Presbytère.

Un volume : 3 francs.

ALENÇON. — Imprimerie de POULET-MALASSIS et DE BROISE.

LIBRAIRIE POULET-MALASSIS ET DE BROISE

9, RUE DES BEAUX-ARTS

Bibliothèque moderne

LES OUBLIÉS ET LES DÉDAIGNÉS, figures littéraires de la fin du XVIII⁰ siècle, par Charles Monselet, 2 vol.. 5 fr.
Linguet. — Mercier. — Dorat-Cubières. — Olympe de Gouges. — Le Cousin Jacques. — Le Chevalier de la Morlière. — Le Chevalier de Mouhy. — Desforges. — Gorgy. — La Morency. — Plancher-Valcour. — Baculard d'Arnaud. — Grimod de la Reynière.

SOPHIE ARNOULD, d'après sa correspondance et ses mémoires inédits, par Ed. et J. de Goncourt, 1 vol.. 2 fr.

LETTRES D'UN MINEUR EN AUSTRALIE, par Antoine Fauchery, 1 vol..... 2 fr. 50

POÉSIES COMPLÈTES de Théodore de Banville (Les Cariatides; les Stalactites; Odelettes; le Sang de la Coupe; la Malédiction de Vénus, etc.); avec une eau-forte titre, dessinée et gravée par Louis Duveau, 1 vol.................. 5 fr.

COURONNE, histoire juive, par Alexandre Weill, 1 vol. .... 2 fr.

LETTRES FAMILIÈRES ÉCRITES D'ITALIE A QUELQUES AMIS, de 1739 à 1740, par Charles De Brosses, avec une étude littéraire et des notes, par Hippolyte Babou, 2 vol. (seule édition sans suppressions)................................ 6 fr.

LES PAYENS INNOCENTS, nouvelles, par Hippolyte Babou, 1 vol......... 3 fr.

MÉMOIRES DU DUC DE LAUZUN (1747-1783), publiés pour la première fois avec les passages supprimés, les noms propres, une étude sur la vie de l'auteur, des notes et une table générale, par Louis Lacour, 1 vol...................... 4 f.

ESSAIS SUR L'ÉPOQUE ACTUELLE. — LIBRES OPINIONS MORALES ET HISTORIQUES, par Émile Montégut, 1 vol... 3 fr.
Du Génie Français. — La Renaissance et la Réformation. — Des Controverses sur le XVIII⁰ siècle. — De la Toute-Puissance de l'Industrie — De l'Individualité humaine dans la Société moderne. — De l'Idée de Monarchie Universelle. — De l'Homme Éclairé. — De l'Italie et du Piémont — Fragment sur le Génie Italien. — Werther. — Hamlet. — Confidences d'un Hypocondriaque.

POÉSIES COMPLÈTES de Leconte de Lisle (Poëmes antiques. — Poëmes et poésies, ouvrages couronnés par l'Académie française. — Poésies nouvelles). Avec une eau-forte, dessinée et gravée par Louis Duveau, 1 vol................... 4 fr.

Pour paraître le 10 septembre :

LA DOUBLE VIE, nouvelles, par Charles Asselineau; avec un frontispice gravé sur bois, par Adrien Lavieille, d'après un dessin de Louis Duveau, 1 vol... 3 fr.

Le Cabaret des Sabliers — L'Auberge — Les Promesses de Thimothée — Mon Cousin Don Quixote — Le Roman d'une Dévote — Le Mensonge — Le plus beau Jour de ma Vie — La Jambe — La Seconde Vie — L'Enfer du Musicien — Le Presbytère.

Alençon. — Imp. de POULET-MALASSIS et DE BROISE.

www.ingramcontent.com/pod-product-compliance
Lightning Source LLC
Chambersburg PA
CBHW070509030726
47503CB00004B/1216